JN024716

高校入試

社会が

一問一答で

しっかりわかる本

吉野功記 CAMEL講師

かんき出版

はじめに

2021年に中学校の学習指導要領が新しくなってから数年が経ちました。その間、公立高校入試にも変化がみられ、近年では「社会は覚えていれば何とかなる」という風潮ではなくなってきました。

一部の公立高校入試でマークシート形式の問題、短文で記述する問題、論述する問題などもみられるようになり、今までの学習法だけでは対応できなくなってきているのです。

入試問題の変化を分析したところ、こんなことがわかりました。

- 重要語句にもかかわらず、正答率が下がっているもの
- 問題の言いまわしが、それまでの傾向と変わったもの
- 語句の知識だけでは、正しく解答できないもの

さらに2017年～2023年に出題された語句を答える問題、短文で記述する問題、内容を答える問題それぞれの出題頻度※・正答率を調べた結果、10年前は頻出だった語句があまり出題されなくなったことも明らかになりました。出題頻度が高く、教科書にも太字で掲載されているにもかかわらず、入試では正答率が低い語句もみられるようになりました。

※出題頻度は、正答率を公表(各都道府県教育委員会より取り寄せたものも含む)しているところの数値です。ただし、正答率が非公表のところも出題しています。

本書では、こうした入試の落とし穴を打破するため、「本当に出題されやすい語句」と、それが「どんな形式で問われるのか」を徹底的に調べ、正答率をもとにした「本当の入試ランク」をつけたうえで、それらの解説とともに1冊にギュッとまとめました。

「本当の入試ランク」って?

本書で採用している入試ランクは、過去7年の公立高校入試問題から、正答率を公表している都道府県で出題された「語句を答える問題」「短文で記述する問題」「内容を答える問題」の数値を平均化した、客観的なデータに基づいています（くわしい基準は「本書の使い方」参照）。

どの語句をおさえる必要があるのか、どういう形式での出題を想定すればいいか、解くうえで必要な関連知識とあわせて、この1冊でわかります。

※入試ランクには、教科書に記載がないけれど入試で出題された用語のデータも含まれます。また、ランクがついていなくても今後出題が増えると予想される用語も掲載しています。

これからの入試で受験生に求められているのは、語句やその内容にプラスした周辺知識、語句やその内容をつなげる関連知識、それらの知識を活用するための背景知識という3つの知識です。高校入試だけでなく、大学入試でも必要になるこれらの知識を、単なる丸暗記マニュアル集にならないように、ていねいに解説していきます。

この本の5つの強み

本書には、他に類を見ない強みがあります。

❶ 徹底したデータ分析をもとにした入試ランク

先述のとおり、公表されている都道府県の入試正答率をもとにした**独自の入試ランクを作成しています**。さらに、**「語句」を問われる問題のランク**だけでなく、**「記述」で問われる問題でのランク**もそれぞれ掲載しています。

❷ 出題形式、関連知識・背景知識がわかる!

他の本にはない、出題形式や関連知識のくわしい解説を盛り込んでいます。用語を答える一問一答形式の問題だけでなく、意味やできごとの背景を答える**記述形式の問題**、近年増えている思考型問題にも対応できます。

❸ 索引つきで用語集としても使える!

本書は、問題とその解答・解説だけでなく、それぞれの用語の意味も掲載。さらに巻末にある索引を活用すれば、**「一問一答」対策だけでなく「用語集」としても使える**という、ハイブリッドに役立てられる本になっています。

❹ 用語数の多い歴史分野もがっちりカバー

入試の正答率データによると、地理、歴史、公民のなかでも、**とくに受験生が苦手とするのが歴史**です。取り扱う用語数が多かったり、授業でていねいに解説する時間がとれな

かったりと、さまざまな要因がありますが、本書では受験生の「苦手」をカバーするために、歴史分野のページ数を増やして解説しています。

⑤ 独学が難しい最新の入試トレンドを特典に！

本書の購入者特典に、**テーマをしぼった問題、最新入試問題の項目のPDFを購入特典として用意しています。**出題のトレンドをさらに深堀りすることができます。

　最後に、本書を作るきっかけを作ってくれた株式会社アート工房の野口さま、株式会社かんき出版の今駒さま・鎌田さま、そして、この著書を作るために問題や正答率などの資料を提供いただいた各都道府県教育委員会さま、関わってくださった皆さまに、この場を借りて厚く御礼申し上げます。

　この本を、模試や本番の入試に向けて活用してもらえれば、著者としてこれ以上の喜びはありません。高校の地理総合・歴史総合・公共の土台としても活用してください。

　なお、この本の売り上げの一部は、お世話になっている一般社団法人CAMELさまに寄付いたします。
　CAMELサイト：https://www.camel123.jp/

2023年11月　吉野功記

注記
本書の記述内容を超えるご質問につきましては、お答えいたしかねます。あらかじめご了承ください。

本書の使い方

入試をもとにした問題です。出典があるものは実際の入試問題です。問題文自体が各用語のポイントになっているので、解答とセットで確認しましょう

問題の解答と、その用語の意味です。解答部分は赤シートで消えます

関連用語や背景知識など、おさえておきたい情報です

出題形式アイコンです（右ページ参照）

---

01 [第1章 — 世界と日本の姿] 地理
世界の姿

		解答	解説
S	01 世界の六大陸のうち、陸地の面積が一番大きい大陸を何というか。	ユーラシア大陸 アジア・ヨーロッパ州をあわせた大陸で、六大陸の中で最大の面積	六大陸（ユーラシア大陸・アフリカ大陸・オーストラリア大陸・北アメリカ大陸・南アメリカ大陸・南極大陸）のそれぞれの位置と広さが問われます。アフリカ大陸と南大陸は①で出題があります。
S	02 世界の六大陸のうち、陸地の面積が一番小さい大陸を何というか。	オーストラリア大陸 南半球のオセアニアに位置し、六大陸の中で最小の面積	併せて、アジア州・ヨーロッパ州・アフリカ州・北アメリカ州・南アメリカ州・オセアニア州などの、ユーラシア州とオセアニア州が出題されます。それぞれ地図上で位置を確認しておきましょう。
A	03 世界の六大陸のうち、どこの国の領土にも属さない大陸を何というか。	南極大陸 どこの国にも属さない大陸	南極大陸は、メルカトル図法の地図や正距方位図法の地図に描かれない大陸ということもおさえよう。
S	04 ユーラシア大陸のうち、中国・インドなど全人口の6割ほどが属する州を何というか。	アジア州 ユーラシア大陸の東側にあたる州	アジア州は、東アジア・東南アジア・南アジア・西アジア・中央アジアの地域に分類されます（シベリアを加える場合もあります）。
S	05 世界の三大洋のうち、海洋面積が一番大きい海洋を何というか。	太平洋 三大洋の一つで、海洋面積が一番大きい海洋	地球上の三大洋の位置、名称がよく問われます。メルカトル図では正確ではなく、正距方位図法で出題されることもあるため、注意が必要です。
A	06 アメリカ大陸の東側かつユーラシア大陸の西側にあり、三大洋のうちの一つに数えられる大きな海洋を何というか。（神奈川）	大西洋 三大洋の一つで、アメリカ大陸の東側にある海洋	太平洋よりも正答率が低いのは、誤字や原因の一つと考えられる。太平洋と大西洋の「たい」の漢字を間違えないようにしましょう。
S	07 シンガポールとアフリカ大陸との間に広がる海洋を何というか。（香川・改）	インド洋 三大洋の一つで、インドの南側にある海洋	地図上の位置を問われることはほとんどです。
！	08 イングランド、ウェールズ、北アイルランド、スコットランドの四つの国が連合してできたイギリスの国旗は何というか。	ユニオンジャック イングランド・スコットランド・ウェールズ・北アイルランドの四つの国が連合した国	① ユニオンジャックに関しては、スコットランドを選択させる問題が出題されています。「イギリスがどの国と連合したか」「どの国が組み込まれたか」まで問われることもあります。
！	09 国と国の境目を定めたものを何というか。	国境 国と国の境界で、自然的な国境（海洋、河川）などの自然を利用し、人為的国境（経線、緯線などを利用）がある	❶ □アフリカに直線の国境線がある理由 →かつて植民地支配をしていたヨーロッパ諸国が地域を経線や緯線で分割し、国境を設定したから。
S	10 国土がまったく海に面していない国のことを何というか。（山形）	内陸国 周りが海に面していない国	国土の全てが海に囲まれた、モンゴル、スイス、オーストリアなどです。反対に、国の全てが海に面し、他国と陸続きではない国を海洋国（島国）といています。

12 / 13

一問一答形式での入試ランクです

記述問題で出題があるものには ！ がついています

とくに頻出の問題です。一問一答形式で頻出のものは 頻 が、短文で記述する形式で頻出のものは 頻 が、その両方で頻出のものには 頻 がついています

記述形式での入試ランクです。
※部分正答率（公表している都道府県のみ）を加えた数値で換算。

入試でどのように問われるか、問題と解答の例を載せています。丸暗記ではなく、何がポイントなのかを理解しながら読み進めましょう

■ 入試ランクの基準

S 受験生の平均正答率**80%**以上
確実におさえておきたい問題です。

A 受験生の平均正答率**60%**以上**80%**未満
社会が苦手でも、まずはここまでおさえておきましょう。

B 受験生の平均正答率**40%**以上**60%**未満
社会で点数を落としたくない人はしっかり確認しましょう。

C 受験生の平均正答率**20%**以上**40%**未満
上位校を目指す人は、ここで差がつきます。

D 受験生の平均正答率**20%**未満
難問レベルなので、最初は目を通す程度で○Kです。

■ 出題形式アイコン

選 一問一答や用語の内容など、選択肢から答える形式で出題されます。

短 短文で記述する形式で出題されます。用語の説明・内容についての問題や、因果関係を答える問題などがあります。

空 空欄を補充する形式で出題されます。用語を答える問題と内容で答える問題のどちらもあります。

資 資料を読解する形式で出題され、正誤を答える問題・短文で記述する問題などがあります。写真や図版での出題は**図**、史料や条文での出題は**史**としています。

地 地図を使った形式で出題されます。

※複数のアイコンがある場合、それぞれで出題される可能性があります。

■ 特典PDFのダウンロード方法

本書の特典として、テーマをしぼった問題と最新入試問題の項目をPDFでダウンロードできます。以下のURLにアクセスしてください。

URL https://kanki-pub.co.jp/pages/kyshakaidl/

CONTENTS

地理

ブックデザイン　喜來詩織（エントツ）　　　　　　編集協力・図版作成　アート工房
本文DTP　　茂呂田剛、畑山栄美子（エムアンドケイ）　写真　Cynet Photo

S 1 　世界の六大陸のうち、陸地の面積が一番大きい大陸を何というか。

S 2 　世界の六大陸のうち、陸地の面積が一番小さい大陸を何というか。

頻 **A** 3 　世界の六大陸のうち、どこの国の領土にも属さない大陸を何というか。

S 4 　ユーラシア大陸のうち、中国・インドなど全人口の6割ほどが属する州を何というか。

頻 **S** 5 　世界の三大洋のうち、海洋面積が一番大きい海洋を何というか。

頻 **A** 6 　アメリカ大陸の東側かつユーラシア大陸の西側にあり、三大洋のうちの一つに数えられる大きな海洋を何というか。（神奈川）

頻 **S** 7 　シンガポールとアフリカ大陸との間に広がる海洋を何というか。（香川・改）

! 8 　イングランド、ウェールズ、北アイルランド、スコットランドの四つの国が連合してできたイギリスの国旗を何というか。

! 9 　国と国の境目を定めたものを何というか。

S 10 　国土がまったく海に面していない国のことを何というか。（山形）

解答	解説

ユーラシア大陸 地
アジア・ヨーロッパ州をあわせた大陸で、六大陸の中で最大の面積

六大陸（ユーラシア大陸・アフリカ大陸・オーストラリア大陸・北アメリカ大陸・南アメリカ大陸・南極大陸）のそれぞれの位置と名前が問われます。アフリカ大陸と南アメリカ大陸は作図でも出題があります。

オーストラリア大陸
南半球のオセアニアに位置し、六大陸の中で最小の面積

州では、**アジア州・ヨーロッパ州・アフリカ州・北アメリカ州・南アメリカ州・オセアニア州**のうち、とくにアジア州とオセアニア州がよく出題されます。それぞれ地図上で位置を確認しておきましょう。

南極大陸
どこの国にも属さない大陸

南極大陸は、メルカトル図法の地図や国際連合の旗に描かれない大陸ということもおさえましょう。

アジア州
ユーラシア大陸の東側にあたる州

アジア州は、**東アジア・東南アジア・南アジア・西アジア・中央アジア**などの地域に分類されます（シベリアを加える場合もあります）。

太平洋 地
三大洋の一つで、海洋面積が一番大きい海洋

地図上の**三大洋**の位置、名称がよく問われます。メルカトル図法だけでなく、正距方位図法で出題されることがあるため、注意が必要です。

大西洋
三大洋の一つで、アメリカ大陸の東側にある海洋

太平洋よりも正答率が低いのは、誤字が原因の一つと考えられます。太平洋と大西洋の「たい」の漢字を間違えないようにしましょう。

インド洋 地
三大洋の一つで、インドの南側にある海洋

地図上の位置を問われることがほとんどです。

ユニオンジャック 選
イングランド、スコットランド、ウェールズ、北アイルランドの四つの国が連合した国

Ｄ ユニオンジャックに関しては、スコットランドを選択させる問題が出題されています。「イギリスがどの国と連合したか」「どの国の植民地だったか」まで問われることもあります。

国境 短
国と国の境界で、自然的国境（海洋、河川などの自然を利用）と人為的国境（経線、緯線などを利用）がある

Ｓ 短 **アフリカに直線の国境線がある理由**
→かつて植民地支配をしていたヨーロッパ諸国が地域を経線や緯線で分割し、国境を設定したから。

内陸国
周りが海に面していない国

主な内陸国は、モンゴル、スイス、オーストリアなどです。反対に、国の全てが海に囲まれ、他国と陸地で接しない国を**海洋国**（島国）といいます。

地理

S 11 緯度0度を示す緯線を何というか。

A 12 経度0度を示す経線を何というか。（千葉）

A 13 夏になると、一日中太陽がしずまなかったり、しずんだ後も暗くならなかったりする現象を何というか。（三重・改）

14 緯度が高くなるほど実際の面積よりも大きく表され、緯線と経線が直角に交わった地図を何というか。

A 15 ある地点の中心から離れるほど陸地の形はゆがんで表されるが、中心からの距離と方位が正しい地図を何というか。

16 ある地点から地球の中心に引いた線を伸ばして、地球上の正反対にあたる地点を何というか。

■ 三大洋と六大陸

解答	解説

赤道 地
赤道より北側を北緯、南側を南緯で表す

Ⓐ 地図中の赤道を選択する問題が頻出です。地図に東南アジア、南アメリカ大陸、アフリカ大陸の表示があるときは、とくによく出題されます。

本初子午線
本初子午線より東側を東経、西側を西経で表す

Ⓐ アフリカ大陸の赤道と本初子午線の関係がよく問われます。**緯線と経線**の間隔に気をつけて地図を読み取りましょう。本初子午線を通る有名な場所は、ロンドンの**旧グリニッジ天文台**です。

白夜 短 図
夏至の期間に太陽が全く沈まなくなる現象

Ⓑ ノルウェーの自然環境について、フィヨルドとの関連で出題されることがあります。難関私立では、冬至の期間に太陽が昇らない**極夜**について聞かれることもあります。

メルカトル図法
角度が正しく表される図法

Ⓒ **大圏航路（最短ルート）**との関係が出題されることがあります。メルカトル図法の直線は等角航路で、大圏航路は曲線で描かれています。

正距方位図法
図の中心からある地点までの最短距離と方位が正しく表される図法

Ⓐ 正距方位図法で描かれる直線は、地球上の2地点間を結ぶ**大圏航路**です。メルカトル図法との違いをおさえましょう。
国際連合のマークとの関連を問われたら、北極を中心としていることと、描かれていない大陸が南極大陸ということを答えましょう。

対蹠点
ある地点から地球の中心を通って反対に位置する点

Ⓐ 対蹠点の位置を選択させる問題が頻出です。**対蹠点の経度差は180度で、時差は12時間です。**

■ 3つの図法

図法	特徴	利用法
メルカトル図法	角度が正確、緯度が高いほど面積が不正確	航海図
モルワイデ図法	面積が正確、緯度が高緯度ほどせまくなる	分布図
正距方位図法	中心からの距離と方位が正確	航空図

メルカトル図法　　　　　モルワイデ図法　　　　正距方位図法

[第1章 —— 世界と日本の姿]

日本の姿

! A 1 世界各国では基準とする経線の真上に太陽が位置するときを正午（午後0時）として、その国の基準となる時刻を定めたものを何というか。

! 頻 2 経度が15度ずれると1時間の時刻のずれが生じることを何というか。

A 3 経度180度線付近を通る経線のことを何というか。（新潟・改）

! A 4 日本の南端に位置する島を何というか。（静岡）

A 5 日本の東端に位置し、東京都に属している島を何というか。（福島）

A 6 日本の西端に位置する島を何というか。（沖縄・改）

頻 S 7 日本の領土の北端に位置する島を何というか。（北海道・改）

S 8 ロシアに不法占拠されている、択捉島の島を含む日本固有の領土を何というか。（北海道・改）

! S 9 韓国に不法占拠されている、日本固有の島を何というか。（島根・改）

A 10 日本の領域で沖縄県に属する日本固有の領土であるが、中国なども領有権を主張し侵入を繰り返している島を何というか。（沖縄・改）

地理

解答	解説

標準時
基準となる経線は標準時子午線

Ⓐ **日本の標準時子午線は東経135度で、兵庫県明石市など
を通ります。**アメリカやロシアには複数の標準時があり、同じ国
の中でも場所によって時差が生じます。

時差
標準時子午線の経度が異なることで、
時刻にずれが生まれる

Ⓑ **時差は360÷24＝15で計算します。**日本とイギリスの時差は
(135−0)÷15＝9より9時間です。テストや入試では**日本と本初
子午線の経度が書かれていない場合が多いので要注意です。**

日付変更線
西から東に進むときに日にちを1日戻
し、東から西に進むときに1日進める

Ⓑ 日付変更線は時差の計算問題が出題されることがあります
が、近年はあまり出題されません。

沖ノ鳥島 短
日本最南端の島

Ⓐ 短 沖ノ鳥島の護岸工事が行われた理由
→島の周囲200海里の排他的経済水域を確保するため。

南鳥島
日本最東端の島

南鳥島と与那国島の時差(**2時間**)が問われることがあります。
また与那国島は**南西諸島**に属していることもおさえましょう。

与那国島
日本最西端の島

択捉島
日本最北端の島

Ⓐ 北方領土は、**歯舞群島・色丹島・国後島・択捉島からなる日
本固有の領土**です。日本は四島返還を主張していますが、ロシ
アはヤルタ協定などを論拠に領土問題は解決していると主張し
ています。北海道の受験生はとくにおさえておきましょう。

北方領土
歯舞群島・色丹島・国後島・択捉島を
まとめた島々

竹島
島根県にある日本固有の領土

Ⓑ 竹島が日本に編入されたのは1905年です。しかし、韓国が
1954年に侵攻して以来不法占拠を続けています。領土問題を
めぐっては現在も解決されていません。

尖閣諸島
沖縄県にある日本固有の領土

尖閣諸島が日本に編入されたのは1895年です。1970年ごろ
に鉱産資源が発見されてから中国・台湾が尖閣諸島の領有権
を主張しています。日本は2012年に尖閣諸島の国有化を決定
しましたが、中国の反発は続いています。

世界の気候

! A 1 主に赤道付近や周辺に分布している気候帯を何というか。

! A 2 主に西アジアやアフリカ北部、ユーラシア大陸の内陸部などに分布している気候帯を何というか。(宮城・改)

B 3 人口増加により、土地を休ませずに耕作や放牧を続けて砂漠化が進んだ、サハラ砂漠の南に接する地域を何というか。(大分・改)

B 4 沖縄県や鹿児島県の島々の海岸部の河口や湿地などでみられる、樹木群の総称を何というか。(沖縄・改)

B 5 日本の国土で最も広い面積を占める気候帯を何というか。(大阪)

! B 6 ローマやケープタウンなどでみられる、夏の降水量が少なく、冬に比較的降水がある気候を何というか。(福島・改)

! B 7 大西洋を北上する暖流の北大西洋海流と、その上空をふく偏西風の影響を受ける気候を何というか。(静岡)

! A 8 夏に海洋から大陸へ、冬に大陸から海洋へ向かってふく風を何というか。(滋賀)
(頻)

! 9 夏は短く、冬は寒さが厳しく、年間の気温差が大きい気候帯を何というか。

A 10 ロシア連邦の北部に広がる針葉樹の森林を何とよぶか。(青森)

解答	解説

熱帯
年間を通して暑く、月平均気温の差が小さい気候

B 公立入試では、**熱帯雨林気候とサバナ気候を区別する問題**はほとんど出題されません。気候は、雨温図や地図を用いた出題が多いので、それぞれの特徴や位置を覚えておきましょう。

乾燥帯
年降水量が極端に少ない気候

A 公立入試では、**砂漠気候とステップ気候**を区別する必要はありません。

サヘル
アフリカ大陸北部、サハラ砂漠の南に広がる地域

サヘルが出題されるときは、**サハラ砂漠**についてもセットで問われることが多いです。

マングローブ 短
海岸部の河口や湿地などでみられる樹木群

タイなどで、えびの養殖の際にマングローブ林が伐採されることが問題視されています。マングローブ林は、津波や高潮の災害が起きたときに海岸を守る役割があります。
短 マングローブ林の伐採の影響について
→森林破壊により、砂漠化などの環境問題を引き起こす

温帯
年間を通して温暖で適度に雨が降る気候

温帯は、雨温図で問われやすいです。南半球に位置する都市の雨温図は、**季節が逆になるため、グラフも反対になること**に注意して読み解きましょう。

地中海性気候 短
冬に雨が多く降り、夏は雨が少なく乾燥する気候

B 地中海性気候の特徴を聞かれるほか、当てはまる雨温図を選択する問題も出題されます。またアメリカ西海岸などもこの気候に属します。**地中海式農業**と関連して覚えましょう。

西岸海洋性気候 短 空
冬でも温暖で、年間の気温差が小さい気候

A よく出題される用語説明問題では、左記の特徴をそのまま解答しましょう。空欄補充問題では北大西洋海流、偏西風について記述することもあります。

季節風（モンスーン） 短
季節に応じて、向きが変わる風

B 夏と冬にふく風の向きについて、地図で出題されることもあります。季節風が日本の気候に及ぼす影響について問われたら、はっきりとした四季がみられることと、夏が高温で降水量が多くなることを記述しましょう。

冷帯（亜寒帯）
北半球の高緯度地域でみられる気候

A ロシア(シベリアも含む)、アメリカ北部、北海道などが冷帯に属します。雨温図が出題されることが多いので、グラフの特徴をおさえておきましょう。

タイガ
冷帯にある針葉樹林

「冷帯」、「ロシア連邦北部」、「針葉樹の森林」などの語句が問題文中にあるときは、「タイガ」が解答になることが多いです。

11 冷帯の下に広がる、1年を通して凍ったままになっている土壌を何というか。

A 12 北極や南極に近い地域で、1年の大半が雪や氷におおわれ、樹木がほとんど育たない地域を何というか。（岐阜・改）

C 13 アメリカ大陸東部にある島で、80％以上が氷におおわれている世界最大の島を何というか。

14 標高が高い地域に特有な、1年を通じて気温が低く、作物があまり育たない気候を何というか。（和歌山・改）

■ 世界各地の雨温図

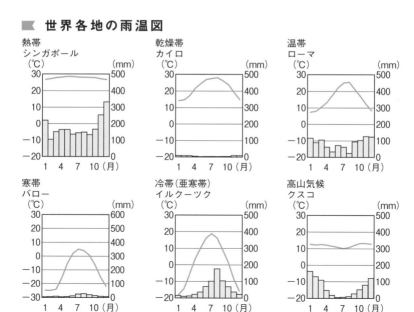

熱帯
シンガポール

乾燥帯
カイロ

温帯
ローマ

寒帯
バロー

冷帯（亜寒帯）
イルクーツク

高山気候
クスコ

（『理科年表 2023 年版』ほか）

地理

解答	解説

永久凍土 短
最終氷期から凍ったままの土地

C 熱帯の住居との相違点などが聞かれることがあります。
短 永久凍土が住居に及ぼす影響とその対策
→永久凍土が解けると地面が沈下して建物が傾くため、高床式にしている

寒帯
北極や南極に近い地域で、1年の大半が雪や氷におおわれている気候

フィヨルドや白夜などとの関連が出題されます。また、寒帯の雨温図を選択させる問題も頻出です。氷雪気候とツンドラ気候の区別はほとんど出題されません。

グリーンランド 短 地
デンマーク領の氷におおわれた島

メルカトル図法の地図とともに出題されることがあります。
短 ブラジルとグリーンランドの大きさの比較について
→ブラジルの面積の方がグリーンランドよりも大きい

高山気候
同じ緯度でも標高が低い地域と比べて気温が低くなる気候

B 熱帯のグラフとの比較が出題されたときは、**赤道付近でも標高が高いため気温が下がる**と記述できれば問題ありません。アフリカ大陸や南アメリカ大陸が出題されたときは要注意です。

■ 宗教分布図

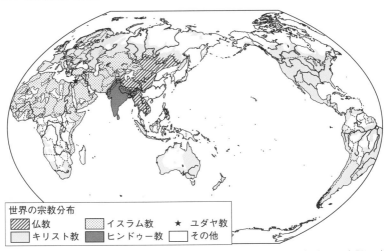

世界の宗教分布
仏教　　イスラム教　　★ ユダヤ教
キリスト教　　ヒンドゥー教　　その他

(『ディルケ世界地図』2015年版ほか)

S **1** 衣服などに利用するために、アンデス山脈の高地で放牧されている主な家畜を何というか。（大阪）

S **2** カナダ北部の地域でイグルーでの伝統的な生活をしている民族を何というか。（岐阜・改）

S **3** アフリカ北部や西アジアの一部の地域でみられる、水や草を求めて季節的に移動し、牛やラクダなどを飼育する牧畜を何というか。（青森）

! A **4** 森林や草原を燃やし、その灰を肥料として作物を栽培する農業を何というか。（山梨）

B **5** タイに住む国民の90%以上が信仰している宗教は何か。（新潟・改）

頻 A **6** フィリピンやヨーロッパ・アメリカなどで幅広く信仰されている宗教は何か。（大分・改）

頻 S **7** インドの80%以上の人が信仰している宗教で、水で体を清める沐浴の儀式が重視される宗教は何か。（埼玉・改）

D **8** イエスが生まれた頃、パレスチナで信仰されていた宗教を何というか。（兵庫）

! A **9** 北アフリカや西アジアなどの地域や、インドネシアなどで、人口の80%以上が信仰している宗教は何か。（福岡・改）
頻

! 10 イスラム教の教えやきまりに適合していることを意味することを何というか。（静岡）

地理

解答	解説

アルパカ
ポンチョなど寒さを防ぐための衣服の材料になる家畜

問題文に「アンデス山脈」とあったらアルパカが正解になることが多いです。各地の主な家畜もおさえておきましょう。**山道で荷物を運ぶ家畜**に、**リャマ**があります。

イヌイット 短
年降水量が極端に少ないカナダ北部の寒帯の地域に住んでいる民族

問題文に「アラスカ地方、イグルーの生活」とあったら、イヌイットが正解になることが多いです。
短 イヌイットの生活の特徴
→高緯度の低温な地域に住み、毛皮で作った防寒具を着る

遊牧
水や草を求めて移動し、家畜を飼育する牧畜

牧畜の一種ですが、**遊牧**と放牧の違いに気をつけましょう。放牧は家畜を草地に放し飼いにすることです。

焼畑農業 短
樹木を切りはらい、それを燃やした灰を肥料として栽培する農業

B 砂漠化と関連して問われることがあります。
短 焼畑農業の問題点について
→土壌が荒廃すること、砂漠化の原因となること

仏教 短
開祖は**シャカ**で、主にアジアに信仰されている宗教

開祖のシャカも出題されます。歴史分野では、短文記述問題で、鎌倉時代の新仏教の特徴が問われます。「**誰にでもわかりやすく、実践しやすい**」という内容が書ければ正解です。

キリスト教
イエスが開祖の、ヨーロッパ・アメリカなどで信仰されている宗教

キリスト教の種類には、プロテスタント・カトリック・正教会などがあります。プロテスタントとカトリックは歴史との関連でも出題されます。また、江戸時代のキリスト教禁止に関しても問われます。

ヒンドゥー教
インドで主に信仰されている宗教

歴史分野では、まれにカースト制度に関する出題もあります。また、沐浴が問われることもあります。

ユダヤ教
キリスト教のもととなった民族宗教

ヒトラーのユダヤ人迫害、命のビザでユダヤ人を救った**杉原千畝**についての出題もあります。今後は、これらに関する短文記述問題の出題が予想されます。

イスラム教 地 資
開祖は**ムハンマド**で主に西アジア・北アフリカで信仰されている

B イスラム教徒は豚肉を食べることが禁じられ、ワインやビールの消費量も他の宗教と比べると少ないです。地図やグラフの出題が多いので、宗教分布図（21ページ）を確認しておきましょう。

ハラル 短
イスラム教のきまりに適合していること

B ハラルの規格に合っていることを示すハラルマークの利点は、イスラム教徒が安心して食品などを選べることと、企業がイスラム教徒圏に商品やサービスを提供できることです。

アジア州

A **1** アジア州の中央部にある、標高8000mをこえる山々が連なる山脈を何というか。（鹿児島）

! **2** 発展途上国の中で、1970年代から急速に工業化が進んだ国や地域の略称を何というか。

! C **3** 中国政府が、人口の増加を抑えるために1979年から実施してきた政策を何というか。（山梨・改）

! A **4** 海外資本や技術を導入するため、海外企業の原材料輸入や工業製品輸出について、税金などが優遇される地域を何というか。（長野）

! B **5** 東南アジアなどの地域で、同じ土地で1年に2回同じ作物を栽培することを何というか。（宮城・改）

! A **6** ヨーロッパの植民地となっていた地域で、現地の住民や移民等を安価で豊富な労働力として利用し、大規模に栽培している大農園を何というか。（佐賀・改）
（頻）

! A **7** 東南アジア地域の安定と発展を目指し、東南アジアの国々によって結成された組織の名称を何というか。（静岡・改）
（頻）

D **8** 綿花の栽培がさかんな地域で、インド半島の大部分を占める高原を何というか。（長野）

! **9** インド南部にあるICT（情報通信技術）産業の中心地で、欧米の企業が進出している地域を何というか。

A **10** 石油価格の安定の確保などを目的に結成された組織は何か。（青森）

地理

解答	解説
ヒマラヤ山脈 地 アジア中央部に標高8000mをこえる山々が連なる山脈	地図を使った出題と、アルプス・ヒマラヤ造山帯と関連させた出題が多いです。
(アジア)NIES 正式名は新興工業経済地域	Ⓐ NIESに関わる国、とくにアジアNIESの出題が多いので、韓国・香港・シンガポール・台湾の4つの国・地域は必ずおさえておきましょう。
一人っ子政策 短 2016年に廃止された人口抑制政策	Ⓐ 短 一人っ子政策が中国の人口に及ぼした影響について →人口の増加が抑えられ、0〜14歳の人口の割合が低下した
経済特区 短 シェンチェンやアモイなど、外国企業を受け入れた地域	Ⓑ 字数指定が多いので、漢字で書けるようにしましょう。 短 経済特区の目的と、工業化後の経済格差問題について →(目的)外国企業を受け入れて、資本や技術を導入すること →(問題)1人当たりのGDPが内陸部と比べて高くなること
二期作 短 同じ土地で1年に2回同じ作物を栽培すること	Ⓑ 用語の意味が短文記述でも問われます。同じ土地で1年に2回違う作物を栽培する二毛作との違いに注意しましょう。
プランテーション 短 大農園ともいう	Ⓒ 短 プランテーションが始まった理由 →ヨーロッパの国が、植民地で特定の作物を大量に生産し、輸出しようとしたため モノカルチャー経済(29ページ)とセットでおさえましょう。
東南アジア諸国連合 略称はASEAN	Ⓐ ASEANが設立された目的について正誤問題で出題されたこともあります。略称と名称のどちらでも答えられるようにしておきましょう。
デカン高原 インド半島の大部分を占める綿花の栽培がさかんな高原	基本的な用語ですが、正答率は低いです。インドまでしっかり学習できていない受験生にとっては苦戦する問題なので気をつけましょう。
ベンガルール インド南部にあるICT産業の中心地	Ⓐ ベンガルールに企業が進出している目的や理由が問われます。問題でアメリカの企業について触れるものは、時差に注目(経度差180度の対蹠点にあたる)して答えましょう。
石油輸出国機構 略称はOPEC	主な加盟地域は西アジア・北アフリカなどです。略称と名称のどちらでも答えられるようにしておきましょう。

A 1 標高4000mをこえる高い山々がそびえ、ヨーロッパ中央部に東西に連なっている山脈を何というか。

A 2 スカンディナヴィア半島などでみられる、氷河によってけずられた谷に海水が深く入りこんでできた奥行きのある氷河地帯を何というか。

A 3 中緯度にある高気圧帯から高緯度に向かってふく西寄りの風を何というか。

C 4 ヨーロッパ大陸の西を流れる暖流を何というか。

A 5 ヨーロッパの国々が経済的な結びつきを強めるために1993年に発展した組織で、政治の統合も推進され、世界に大きな影響を与えている組織を何というか。(福岡・改)

S 6 ヨーロッパ連合(EU)域内の多くの国で導入されている共通通貨を何というか。(鳥取)

A 7 夏の乾燥に強いオリーブなどを栽培し、雨の多い冬には小麦などを栽培する農業を何というか。(高知)

A 8 ヨーロッパで広く行われてきた、小麦やライ麦などの栽培と家畜の飼育を組み合わせた農業を何というか。(新潟)

A 9 国際河川の一つで、アルプス山脈からフランス・ドイツの国境を流れ、オランダを通って北海にそそぐ河川を何というか。

D 10 自然環境や歴史、文化などを観光資源とし、その観光資源を損なうことなく、体験したり学んだりする観光のあり方を何というか。(青森)

解答	解説
アルプス山脈 地 ヨーロッパ中央部に標高4000mをこえる山々が連なる山脈	地図での出題、アルプス・ヒマラヤ造山帯と関連させた出題が多いです。
フィヨルド 空 地 氷河が大地をけずることで作られたU字谷に、海水が入りこんでできた湾	Ⓑ フィヨルドが作られた経緯について、空欄補充問題で出題されたことがあります。左記の意味をおさえておきましょう。地図や写真を見て答える問題が中心です。
偏西風 ジェット気流とよばれることもある	ヨーロッパの**西岸海洋性気候**と関連させて答える問題が多いです。航空路線の平均飛行時間を求める際に偏西風の影響について出題されたこともあります。
北大西洋海流 大陸の西を流れる暖流	短 イギリスが冬でも温暖な理由 →暖流の北大西洋海流の上を偏西風がふくため
ヨーロッパ連合 略称はEUで、マーストリヒト条約をもとに**ヨーロッパ共同体**を発展させた	Ⓐ EUの発足についてを問う記述問題や、ユーロとの関連問題、**経済格差の問題**が問われることもあります。「EUが結成されたことで、国境を越えた移動が自由になった」ことをおさえておきましょう。
ユーロ 短 EUの共通通貨	Ⓒ EUとの関連で出題されることが多いです。 短 ユーロの導入が人々の移動にどのような影響を与えたか →両替が不要になり、国境を越えた人々の移動が活発になった
地中海式農業 選 短 冬に小麦、夏にオレンジやオリーブ、ブドウなどを栽培する農業	Ⓐ **アメリカ西海岸などの地域でも地中海式農業が行われている**ことも、覚えておきましょう。
混合農業 短 家畜の飼育とえさにする作物の栽培を組み合わせた農業	用語解説で問われることが多いので、左記の意味をおさえておきましょう。
ライン川 国際河川の一つで、フランス・ドイツの国境を流れる	ドイツの**ルール工業地域**との関連で出題されることがあります。石炭の運搬にライン川の水運が利用されることが、短文記述問題で問われたこともありました。
エコツーリズム 生態系の保全と観光の両立を目指す取り組み	Ⓑ 短 エコツーリズムの目的 →**自然や文化についての理解を深めて、その保全に取り組むようになること** 環境課題と、その解決策を意識して記述しましょう。

A 1 アフリカ大陸にある、人口が集中し、農地や都市が広がった世界最長の河川を何というか。（三重・改）

S 2 アフリカ大陸の北部に広がる砂漠を何というか。（沖縄・改）

S 3 コートジボワールやガーナなどが世界有数の生産国である農産物は何か。（島根・改）

A 4 イギリスなどの列強が、生産に必要な原料を入手したり製品を売ったりするための市場を求め、海外に進出して獲得したものは何か。（島根）

! 頻 A 5 特定の鉱産資源や農産物の輸出に頼っている経済を何というか。（静岡）

! 頻 6 国家が公に使用することを認めている言語を何というか。

B 7 アフリカ州の国や地域が、紛争や貧困問題の解決策を協力して考えるために、2002年に発足させた地域機構を何というか。（福島）

B 8 仕事を探すことを主な目的として、農村から都市に移住してきた経済的に貧しい人々が集まって形成された居住環境の悪い地域を何というか。（佐賀・改）

B 9 南アフリカ共和国で長い間行われてきた、白人政権が黒人など、白人以外の人々を差別する人種隔離政策を何というか。（千葉）

B 10 ロシア西部を南北に連なる、ユーラシア大陸をアジア州とヨーロッパ州に分ける山脈を何というか。

地理

解 答	解 説

ナイル川
サハラ砂漠の東にある世界最長の川

歴史分野でもエジプト文明との関連が出題されます。ナイル川にある**スエズ運河**もあわせておさえましょう。

サハラ砂漠
アフリカ北部にある世界最大の砂漠

サヘルとの関係が問われることもあります。またサハラ砂漠の位置についても出題されます。

カカオ 資
チョコレートの原料となる農作物

モノカルチャー経済との関連問題の出題も多いです。カカオの写真を見て答える問題もあるので、確認しておきましょう。

植民地
他国によって、政治、経済などを支配されている地域

プランテーションや後述のモノカルチャー経済、公用語と関連させた問題が出題されます。また、歴史分野での出題も多いです。

モノカルチャー経済 短
特定の鉱産資源や農産物の輸出に頼る経済

B 短 モノカルチャー経済の課題
→特定の品目の輸出に頼っているため、国際価格の変動の影響を受けて輸出による収入が安定しないこと
特定の鉱山資源や農産物の価格変動のグラフや、ある国の過去と現在の輸出についてのグラフが出題されることも多いです。

公用語（こうようご）
国家が公の使用を認める言語

A 植民地と関連させ、なぜその言語が公用語として使用されているのか、記述させる問題が出題されます。

アフリカ連合
略称（りゃくしょう）はAU

上位校を志望する受験生にとっては差がつく用語です。他の大陸の地域機構もあわせておさえておきましょう。

スラム
生活環境の悪い住宅地

C 農村から都市に移住する目的が問われたら「**仕事を探すため**」と解答しましょう。
短 スラムの問題点や課題
→生活に必要な施設が整っておらず、病院や学校など必要なサービスが十分に受けられないこと

アパルトヘイト
人種隔離（かくり）政策ともいう

アパルトヘイトを廃止（はいし）した**マンデラ**を答える問題が出されたこともあります。

ウラル山脈
ロシアにある、ヨーロッパ州とアジア州を分ける山脈

ロシアは、世界的な小麦生産地「**黒土地帯**（こくど）」、原油や天然ガスなど輸送するための輸送管「**パイプライン**」について出題されることがあります。

B 1 環太平洋造山帯の一部で、北アメリカ大陸最長の山脈を何というか。
（長崎）

B 2 北アメリカ大陸の中央平原を流れ、メキシコ湾にそそぐ河川を何というか。（兵庫）

! 3 NAFTA（北米自由貿易協定）に加盟していた3か国による新たな貿易協定を何というか。（大阪・改）

! A 4 スペイン語を話す、メキシコやカリブ海諸国からアメリカ合衆国への移民を何というか。（栃木）

! C 5 センターピボットや大型機械などを使い、少ない人数で効率よく生産を行う農業を何というか。（滋賀・改）

A 6 北緯37度以南に情報技術産業や航空宇宙産業が発展している地域を何というか。（長崎）

! B 7 サンフランシスコ郊外の地域で、コンピュータやインターネット関連の先端技術産業の会社などが集まっている地域を何というか。（高知）

B 8 プレーリーの西に位置し、地下水を利用した大規模なかんがい農業がみられ、小麦などが栽培されている平原を何というか。（山梨）

! A 9 多くの国に拠点を持ち、世界的規模で活動している企業を何というか。（高知）

C 10 アメリカやロシアに埋蔵される新資源として、世界のエネルギー供給への影響が予想される、天然ガスの一種を何というか。（鳥取・改）

解答　　　　　　　解説

ロッキー山脈 地
アメリカ大陸西部にある標高4000m
をこえる山脈

環太平洋造山帯と関連させた出題もあります。

ミシシッピ川
中央平原を流れる河川

地図を用いた出題があります。メキシコとの国境になっているリオグランデ川と間違えないようにしましょう。

アメリカ・メキシコ・カナダ協定
略称はUSMCA、元はNAFTA

B 以前までは**NAFTA**（2020年7月に失効）が出題されていましたが、今後はUSMCAが出題されます。

ヒスパニック
メキシコや中央アメリカ、西インド諸島
の国々から移住した人々

A 用語解説での出題が多いので、左記の意味をおさえておきましょう。

企業的な農業
少ない労働力で広い面積の農業を経
営すること

B **短** 日本の農業（集約農業）との違い
→大型の装置や機械を使うため、農業従事者一人当たりの耕地面積が広く、穀物生産量も多くなる
近年は、酪農で企業的な農業を行っていることも問われます。

サンベルト
北緯37度付近から南に位置する地
域

問題文に「北緯37度以南」とあればサンベルトと答えましょう。この地域は**地価が安く、人件費も安い**のが特徴です。地図を用いて出題されることもあります。

シリコンバレー
サンフランシスコの南にあるICT関連
企業の都市

A 用語解説での出題が多いので、左記の意味をおさえておきましょう。

グレートプレーンズ 地
アメリカ中央部にある平原

同じく北アメリカに位置する**プレーリー**とセットで出題されやすいので、地図で確認しましょう。

多国籍企業
世界中に生産や販売の拠点を持つ
企業

A 用語解説での出題が多いので、左記の意味をおさえておきましょう。公民分野でも出題されます。

シェールガス
天然ガスの一種

近年の新語として、今後出題が予想されます。とくに環境問題や北アメリカ州・ロシアをテーマとした出題の可能性が高いです。

A 1 山の登り下りをするときに、荷物をリャマに乗せて運び生活を営んでいる人々がいる、環太平洋造山帯に属する山脈を何というか。（岐阜・改）

A 2 20世紀後半から、政府によって熱帯林の伐採などの大規模な開発が行われ、環境保護が課題になっているブラジルを中心に流れている河川を何というか。（北海道・改）

A 3 アルゼンチンの首都の周辺に広がる大平原を何というか。（山形）

C 4 先住民とヨーロッパ系の人々との混血の人々を何というか。（佐賀）

S 5 さとうきびやとうもろこしなどの植物原料から作られ、地球温暖化対策になると注目されている燃料を何というか。（青森）

B 6 広大な国土と多くの人口や資源を持つ、ブラジル、ロシア連邦、インド、中国、南アフリカの5か国のように経済成長の著しい国々を何というか。（千葉）

7 1995年に発足した、自由貿易市場の創設、域内での関税撤廃、対外共通関税を目的とする地域経済統合を何というか。

B 8 標高2000m付近の山岳地帯にある、アンデス山脈の一部にある遺跡を何というか。

解 答	解 説
アンデス山脈 地 大陸西部の太平洋岸に南北に連なる山脈	環太平洋造山帯に属する山脈としても出題されます。また、高山気候との関連で出題されることもあります。
アマゾン川 世界最大の流域面積をもつ河川	Ⓐ アマゾン川流域の環境問題について選択問題で出題されたことがあります。アマゾン川流域に広がる熱帯雨林を**セルバ**といいます。
パンパ ラプラタ川流域にある草原地帯	組み合わせ選択問題での出題がほとんどですが、写真を使った出題もあります。熱帯草原のカンポと混同しないように気をつけましょう。
メスチソ 選 メスチーソともいう、ブラジルの先住民とヨーロッパ系の人々との混血の人々	南アメリカ州の先住民に関しては、メスチソの出題がほとんどです。記述問題の正答率は大きく下がるので、左記の意味をしっかりおさえておきましょう。
バイオエタノール 短 バイオマス、バイオ燃料ともいう	Ⓑ 短 バイオ燃料の環境面での利点 →原料になる植物が吸収した二酸化炭素量と、燃やしたときに排出される二酸化炭素量が同じで、大気中の二酸化炭素が増えないこと **とうもろこしやさとうきびがバイオ燃料で使用される**ことも問われやすいです。ブラジルの環境保全にも役立っています。
_{ブリックス} **BRICS** ブラジル・ロシア・インド・中国・南アフリカの5か国	Ⓑ BRICSの構成国(もしくは当てはまらない国)を選択させる問題が出題されます。
_{メルコスール} **MERCOSUR** 正式名称は南米南部共同市場	南アメリカ州をテーマにした問題は、今後出題が予想されます。誤答を選択する問題や、他の州の地域機構とあわせて問う出題があります。
マチュピチュ 資 インカ帝国の古代遺跡	写真を使った出題があります。歴史分野では、インカ帝国との関連で出題されます。

オセアニア州

B **1** 鉱産物を地表から直接けずり取りながら、うずを巻くようにして、地下にほり進んで採掘（さいくつ）する方法を何というか。（滋賀）

B **2** 1989年に設立された、日本、アメリカ、オーストラリアなど、アジア太平洋（たいへいよう）の国と地域で話し合いを行う経済協力の枠組（わくぐ）みを何というか。（鹿児島）

A **3** オーストラリアの先住民を何というか。（長崎）

B **4** ニュージーランドの先住民を何というか。（神奈川）

! **5** ヨーロッパ系以外の移民を制限した、オーストラリアの政策を何というか。

! **6** 首都がフナフティである、さんご礁（しょう）の島々からなる島国はどこか。（宮崎・改）

■ 主な国と首都・都市

主な国	首都	主な都市
アメリカ合衆国（がっしゅうこく）	ワシントン D.C.	ニューヨーク、ロサンゼルス、シカゴ、アトランタなど
中華人民共和国（ちゅうかじんみんきょうわこく）	北京（ペキン）	上海（シャンハイ）、南京（ナンキン）、シェンチェンなど
大韓民国（だいかんみんこく）	ソウル	釜山（プサン）など
オーストラリア	キャンベラ	シドニー、メルボルンなど
ブラジル	ブラジリア	リオデジャネイロなど
フランス	パリ	カンヌなど
イギリス	ロンドン	マンチェスターなど
イタリア	ローマ	ジェノヴァ、ナポリなど
ドイツ	ベルリン	ミュンヘン、フランクフルトなど
スペイン	マドリード	バルセロナなど

地理

解答	解説
露天掘り 地表をけずって掘り下げていく鉄鉱石の採掘方法	写真を使った出題もあります。日本の伝統的な井戸掘りの工法である**上総掘り**と混同しないようにしましょう。
アジア太平洋経済協力会議 略称はAPEC	**B** APECの参加国（地域）が問われたことがあります。最低でも左ページの問題文にある日本、アメリカ、オーストラリアの3か国と、中国・韓国などをおさえましょう。
アボリジニ オーストラリアの先住民	マオリと混同しないようにしましょう。また、多文化主義に関してもおさえておきましょう。
マオリ ニュージーランドの先住民	アボリジニと混同しないようにしましょう。マオリの踊りは「ハカ」といいます。
白豪主義 短 1970年代に廃止された、ヨーロッパ系以外の移民を制限した政策	**C** 短オーストラリアの移民の出身州の割合の変化について（白豪主義を用いて） →白豪主義が行われたときは、ヨーロッパ州からの移民の割合が大きかったが、廃止後はアジア州からの移民の割合が大きくなった
ツバル 首都はフナフティ。世界で4番目に小さい国	**A** 記述問題で、ツバルの海面上昇による海水流入などにより生活用水の確保が困難になったことが聞かれました。オセアニア州の自然環境問題が問われたときは要注意です。

■ オセアニア州に関するデータ

輸出品目上位4位（2021年）

オーストラリア

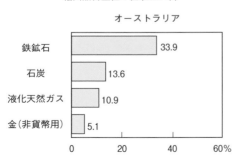

輸出相手国（2021年）

オーストラリア

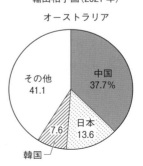

（『日本国勢国会2023／24』より）

[第4章 —— 地域調査の手法]

地域調査

! **1** ある地点からの方角を何というか。

! D **2** 高さが等しい地点を結んだ線を何というか。

C **3** 土石流警戒区域は、周囲より標高が低いところに位置している。そのような地形を何というか。（山梨・改）

4 調査計画にしたがって、地域の人たちの生活や人の移動、土地利用などに注意して観察することを何というか。

5 カーナビゲーションシステムやパソコン、スマートフォンなどからの地図閲覧サービスを何というか。

! **6** 地形図で建物や土地利用、交通路などを表すものを何というか。

■ 縮尺の計算

1 実際の距離を求める（公立入試では①のパターンのみ出題されます）

①実際の距離＝地図上の長さ×地形図の縮尺の分母
②地図上の長さ＝実際の距離÷地形図の縮尺の分母
③地形図の縮尺の分母＝実際の距離÷地図上の長さ

※実際の距離と地図上の長さは単位が異なるため、縮尺の分母がmのときは250もしくは500、kmのときは0.25もしくは0.5とあらかじめ直すと計算がしやすくなります。近年では地形図の縮尺は25000分の1が使われることが多いです。

2 実際の面積を求める

25000分の1の地形図で表される地図上の長さで縦2cm、横3cmの実際の面積は何km²か。

$(2cm×0.25)×(3cm×0.25) = 0.5×0.75＝0.375km²$

→縦と横の地図上の長さから実際の長さを出してから計算しましょう。地図上の面積を出してから実際の面積を出す場合は、縮尺の分母を2回かけることに注意しましょう。

地理

解答	解説

方位
八方位・十六方位がある

Ⓐ 地形図の八方位について問われることが多いです。とくに条件がなければ**地図上では上が北を示す**こともおさえましょう。

等高線 短
高さが等しい地点を結んだ線

Ⓐ 短文記述問題や選択問題で、「等高線の間隔がせまいところほど傾斜が急になる」ことが問われやすいです。等高線が10mごとか20mごとかは縮尺を見て判断しましょう。

谷 地
周りよりも低い土地

地形図などを使って、谷か尾根を選択する問題が中心です。**周りより高いところを通るのが尾根、低いところを通るのが谷です。**

野外調査 選
フィールドワークともいう

選択問題で、野外調査の注意点(地域の人たちの生活や人の移動、土地利用などに注意する)が問われることがあります。

地理情報システム 資
略称はGIS

用語自体が問われることはありませんが、統計資料として出題されることがあります。

地図記号 地
建物や土地利用・交通路などを表す

Ⓐ 地形図の読み取り問題で、地図記号が解答の手がかりになることが多いです。近年では、外国人観光客向けに表したピクトグラムの出題もあります。

■ 主な地図記号

土地利用	建物・施設		
田	◎ 市役所 東京都の区役所	⛤ 老人ホーム	⊥ 墓地
畑	○ 町・村役場	〒 神社	△ 三角点
果樹園	○ˇ 官公署	卍 寺院	⊡ 水準点
茶畑	X⊗ 交番(左)，警察署	⑪ 図書館	☼ 灯台
広葉樹林	Y 消防署	血 博物館	
針葉樹林	⊖ 郵便局	⏚ 記念碑	
竹林	⌖ 発電所・変電所	⏛ 自然災害伝承碑	
ささ地	⊠ 小・中学校	⚘ 風車	
荒地	⊗ 高等学校	⟅ 城跡	
	⊞ 病院	∴ 史跡・名勝・ ∴ 天然記念物	

! A 頻 1 アンデス山脈やロッキー山脈、日本列島を含む造山帯を何というか。（山形）

! A 2 インドの北側にある山脈を含む、ヨーロッパからインドネシアにのびる造山帯を何というか。（静岡・改）

S 3 標高3000m前後の飛騨山脈、木曽山脈、赤石山脈は、地形がヨーロッパのアルプスに似ているため何とよばれているか。（北海道・改）

頻 A 4 日本アルプスの東側一帯にあり、ここを境にして本州の自然環境が東と西とに分かれる地帯を何というか。（神奈川・改）

! A 頻 5 川が山間部から平野や盆地に出たところに土砂がたまって作られた地形で、水はけがよいという特徴がある地形を何というか。（埼玉）

A 6 河口部に、川が運んできた細かい土砂が堆積してできた地形を何というか。（山形）

! S 頻 7 志摩半島や三陸海岸などでみられる、海岸線が複雑に入り組んだ地形を何というか。（青森・改）

D 8 九州と南西諸島、中国南部、台湾、朝鮮半島に囲まれた海を何というか。（静岡）

! S 9 川の水流を調節し、水資源の確保や発電に利用するなど、水を有効利用する工夫をするために作られた施設を何というか。（佐賀・改）

頻 A 10 太平洋を流れる暖流で、黒潮とよばれる海流を何というか。（愛媛）

解 答	解 説

地 理

環太平洋造山帯
太平洋を取り巻くように連なる造山帯

B フィリピンやニュージーランドなどもこの造山帯に属していますが、オーストラリアは属していないので気をつけましょう。

アルプス・ヒマラヤ造山帯 地
アルプス山脈からヒマラヤ山脈を通り、インドネシアへ続く造山帯

D ヨーロッパからインドネシアに伸びる造山帯ですが、トルコが含まれていることが問われたことがあります。環太平洋造山帯とともに地図での出題が多いです。

日本アルプス 短 地
飛驒山脈・木曽山脈・赤石山脈の総称

用語解説や、地図上でそれぞれの山脈について問われるものが中心です。地図上では、西から飛驒山脈・木曽山脈・赤石山脈です。

フォッサマグナ 地
ナウマンが命名した、西日本と東日本を分ける地帯

新潟県糸魚川市と静岡県静岡市を結んだ地形であることが問われることもあります。地図での出題もあるので確認をしておきましょう。

扇状地 短 選
川が山地から平地に流れ出る谷口に、岩や石などが積もってできた地形

B 扇状地の土地利用に関して出題されます。**水はけがよいため、果樹園などに利用されていることが多いこと**を知っておきましょう。写真や図を使った出題もあります。

三角州（デルタ）
川が海や湖などの河口に砂や粘土が積もってできた地形

日本以外では**メコン川**などでもみられる地形です。ここで栽培される浮稲もおさえておきましょう。写真や図を使った出題もあります。

リアス海岸 短
リアス式海岸ともいうが、近年はリアス海岸が主流

B 短文記述問題では、左記の問題文をそのまま解答すれば大丈夫です。リアス海岸がみられる代表的な場所（三陸海岸、若狭湾など）もよく問われます。

東シナ海 地
九州の西部に広がる海

東シナ海には**大陸棚**がみられることも確認しておきましょう。

ダム 短
山地に建設される施設。周辺では水力発電が発達する

B 日本の河川の特徴について問われたら「**日本の河川は流域面積がせまく、短くて流れが急であること**」を解答しましょう。世界の河川との比較でよく問われます。

日本海流 地
黒潮ともいう

地図を用いた出題が中心です。潮目との関連についてもよく問われます。同じ暖流の対馬海流と混同しないようにしましょう。

三陸海岸の沖を流れる寒流を何というか。（広島）

海底の栄養分がまき上げられてプランクトンが集まるため、豊かな漁場となっている暖流と寒流がぶつかる場所を何というか。（沖縄・改）

秋田県の沖合を流れている暖流を何というか。（香川・改）

地球の表面をおおっている厚さが100kmほどの岩板のことを何というか。

■ 世界の造山帯（39ページ参照）

アルプス・ヒマラヤ造山帯

環太平洋造山帯

造山帯の付近では、地震や火山活動が活発で、山地や山脈が作られる。
火山の噴火や地震による災害も多くみられる。

地理

解答	解説
千島海流 地 親潮ともいう	日本海流とともに地図を用いて出題されることがあります。また、潮目とセットで問われることもあります。
潮目 短 潮境ともいう	Ｂ 用語解説で問われやすいため、左ページの問題文の内容をおさえておきましょう。ヨーロッパ西部でも同様の現象がみられます。
対馬海流 地 九州北部、日本海を流れる暖流	日本海流・千島海流とともに地図を使った出題があります。日本海流との違いを、地図で確認しておきましょう。
プレート 地球の表面をおおっている岩板	地震や火山などの活動に関して出題されたときに注意しましょう。日本列島付近には**太平洋プレート**、**北アメリカプレート**、フィリピン海プレート、ユーラシアプレートがあります。

■ 日本のプレート

■ 日本の海流

[第5章 —— 日本の地域区分とそれぞれの特色]

日本の気候と自然災害

! 頻 | 1 冬に北西の季節風の影響で雨や雪がよく降る気候を何というか。

! | 2 雨が少なく、冬は冷えこむ本州の内陸部に属する気候を何というか。

! 頻 | 3 中国山地と四国山地にはさまれた、雨が少なく乾燥して暖かい気候を何というか。

! | 4 瀬戸内で生活用水や農業用水を得るために讃岐平野に作られたものは何か。

! A | 5 海底が動いたことで海の水がおし上げられて発生した自然災害を何というか。（佐賀）

A | 6 日本や東アジア、東南アジアなどに暴風雨をもたらす、発達した熱帯低気圧を何というか。（静岡）

S | 7 近い将来に巨大地震が発生すると予測されている、紀伊半島から九州東方沖にかけての海底の溝状の地形を何というか。（兵庫・改）

S | 8 2011年に東北地方を中心に発生した災害を何というか。（兵庫・改）

! S 頻 | 9 災害による被害をできるだけ少なくするため、地域の危険度を住民にあらかじめ知らせる地図を何というか。（静岡・改）

C | 10 災害への心がまえとして自ら備えを積極的に行い、被害をできる限り少なくすることを何というか。（沖縄）

解答	解説

日本海側の気候
冬に北西の季節風の影響で降雪が多くなる気候

B グラフを用いた出題が中心です。**太平洋側の気候**は、夏に南東の季節風の影響を受けます。

中央高地の気候
雨が少なく、冬の気温がやや低い気候

A 降水量が少ない気候は、瀬戸内の気候と北海道の気候です。北海道の気候は冬の気温が低く、瀬戸内の気候は冬が温暖である点が判断基準です。

瀬戸内の気候 短
雨が少なく、冬の気温が高い気候

A 雨温図を使った問題や、ため池との関連も問われます。
短 瀬戸内で雨が少なく乾燥している理由
→中国山地と四国山地にはさまれていて、季節風によってもたらされる水蒸気が届きにくいから

ため池
吉野川からひいた**香川用水**で水運を確保した

B 短 **讃岐平野**などでため池が利用されている理由
→降水量が少ないため、農業に使う水を確保する必要があるから

津波
地震が発生したときに海の水がおし上げられる災害

C 地震が発生したのちに起きる自然災害としておさえましょう。津波対策の標識が出題されることもあります。

台風
東アジア・東南アジアなどに暴風雨をもたらす熱帯低気圧

メキシコ湾・カリブ海では**ハリケーン**、インド洋・アラビア海では**サイクロン**とよばれます。

南海トラフ
紀伊半島南部にある盆地のような溝の部分

震災関係の問題で出題されることもあります。トラフとは、海底にある、細長く幅の広い盆地のような溝の部分です。

東日本大震災
2011年に起きた地震

用語自体が問われるよりも自然災害の一例として出題される方が多いです。ハザードマップと関連しておさえましょう。

ハザードマップ 短
防災マップともいう

A ハザードマップ作成の目的が問われるほか、ハザードマップを活用した思考型問題の出題も多いです。スマートフォンの活用例も出題されています。

減災
災害などの被害をできるだけ少なくすること

「**防災**」の語句を使わないで解答する問題もあります。私立入試でも出題されます。災害の被害を後世に伝える**自然災害伝承碑**や看板などで防災意識を高めていることをおさえましょう。

地理

日本の人口と都市問題

地理

A 1 合計特殊出生率の低下と平均寿命ののびによる日本の課題を何というか。（山形）

2 人口を年齢と性別に分けて表したものを何というか。

A 3 インドなどでみられる、急激な人口増加は何とよばれるか。（静岡）

頻 B 4 人口50万人以上の条件で政府から指定された都市を何というか。

5 都市部で起きた、人口や企業の集中が進んだ現象を何というか。

A 6 自動車やエアコンからの排熱により周辺部と比べて都市の中心部の気温が高くなる現象を何というか。（栃木）

7 1960年代から70年代にかけて郊外に建設された大都市の住宅衛星都市を何というか。

A 8 大都市で、地価の上昇で都心部の人口が減少し、郊外などの人口が増加する現象を何というか。

9 ドーナツ化現象で減少していた都心の人口が再び増加する現象を何というか。

A 10 人口が減少し、地域生活を維持する機能が弱くなっている地域を何というか。

解答	解説

少子高齢化 短
少子化と高齢化をまとめた現象

C 合計特殊出生率が減ることで国の総人口に対する子どもの割合が低くなることが**少子化**、総人口に対する高齢者の人口の割合が増加**することが高齢化**です。

人口ピラミッド 資
富士山型・つりがね型・つぼ型がある

S グラフを使った出題で、世代の変遷や人口に関する問題点が問われることが多いです。

人口爆発 短
発展途上国で起きる急激な人口増加。インドだけでなく、アフリカでも起きている

B 短 人口爆発の要因と問題点
→医療が発達して死亡率が低下し、出生率も高くなったが、食糧・水・エネルギーなどが不足してしまう

政令指定都市
札幌市・仙台市・横浜市などがあたる

札幌市・仙台市・名古屋市・大阪市・広島市・福岡市は政令指定都市と地方中枢都市の両方にあてはまります。

過密
都市部の人口や企業の集中が増加した地域

都市問題の一つとして出題されることがありますが、近年は出題が少ないです。

ヒートアイランド現象
都市部の中心部が周辺部と比べて気温が高くなる現象

A ゲリラ豪雨との関係で出題されることがあります。用語を説明させる問題としても出題されます。

ニュータウン 短
都市部の郊外に建設された住宅地

B 短 ニュータウンの住居者高齢化問題点と解決策
→(問題点)住居者が65歳以上になり、64歳以下の世代を中心に人口が減っている
→(解決策)子育て世代の交流の場を作ったり、イベントを催したりすることで、0〜14歳の人口を増やす

ドーナツ化現象
都市部の人口が減少し、郊外などの人口が増加する現象

近年、出題は減りましたが、昼間人口・夜間人口と関連した出題はあります。**昼間人口が多いのは都心部、夜間人口が多いのは郊外**とおさえましょう。

都心回帰
都心部の再開発で、郊外より都心の地域で再び人口が増加すること

C ドーナツ化現象に関連して、近年起こっている現象です。最低でも左記の内容と、**Uターン、Iターン**についてもおさえましょう。

過疎
地域経済が衰退し、地域社会の維持が困難な地域

短 過疎の課題について
→人口減少や高齢化が進む、電車などが廃線になる
町おこし・村おこし(57ページ)もおさえておきましょう。

! A 1 日本やアメリカなどで発電量の割合が高く、主に海沿いの発電所で行われる発電を何というか。（茨城・改）

B 2 1950年代ごろまで、山地に建設したダムの水を利用して電力を供給していた発電を何というか。

A 3 フランスなどで発電量の割合が高く、主に海沿いの発電所で行われる発電を何というか。（茨城・改）

! A 4 瀬戸内海沿岸の塩田の跡地で行われている、瀬戸内海沿岸の気候を生かした発電方法を何というか。（静岡・改）

! B 5 天然ガスの一つである、燃える氷状の物質を何というか。（茨城・改）

! A 6 古くから受け継がれてきた技術や、地元でとれる原材料などを生かし、地域と密接に結びついて発達してきた産業を何というか。（鳥取）

! A 7 関東地方から九州地方の北部にかけて伸びる帯状の工業地域をまとめて何というか。（栃木）

A 8 三大工業地帯の一つで、東京都や神奈川県の臨海部を中心に発達した工業地帯を何というか。（岐阜）

! 9 三大工業地帯の一つで、自動車工業を中心に発達した機械類の生産額が1位の工業地帯を何というか。

A 10 三大工業地帯の一つで、大阪湾の臨海部とその周辺を中心に繊維工業が発達していた工業地帯を何というか。（宮崎・改）

解答	解説

地理

火力発電 短

石油や石炭、天然ガスといった鉱産資源を燃料とする発電

B 火力発電所の位置が問われます。短文記述問題で海沿いに火力発電所がある理由が問われたら、**原料の輸入に便利である**という内容が書ければ正解です。

水力発電

山地に建設したダムの水を利用した発電

主にカナダやブラジルなどでは、発電量に占める水力発電の割合が高いことを問われることがあります。

原子力発電 短

温室効果ガスを排出せず、効率よく安定して電力を得る発電

原子力発電所の位置も確認しておきましょう。
短 海沿いに原子力発電所がある理由
→**原子炉を冷やす水が必要だから、輸出入に便利だから**

太陽光発電

太陽の光で電力を得る発電

A 短 太陽光発電の発電方法における、火力発電にはない欠点
→天候に左右され、火力発電より発電効率が低いこと
電力の安定供給に関する取り組みも出題されています。

メタンハイドレート

メタンガスと水が結合して氷状になった鉱産資源

B 近年、出題が増えています。天然ガスの一つにはシェールガスもあるので混同しないようにしましょう。

地場産業 短

資金や原材料の調達などでその地域と密接に結びついた産業

C 短 地場産業が北陸地方で副業として行われた理由
→冬に雪が多く、稲作ができない時期があるから
代表的な地場産業には**鯖江の眼鏡フレーム、小千谷ちぢみ、輪島塗**などがあります。

太平洋ベルト

関東地方から九州地方の北部にかけて伸びる帯状の工業地域

B 京浜工業地帯、中京工業地帯、阪神工業地帯、北九州工業地域を含む帯状の工業地域の総称で問われやすいです。

京浜工業地帯

東京都・神奈川県の臨海部で発達

京浜工業地帯で出版業が発達している理由は、**首都の東京が政治・経済の中心となっているから**です。三大工業地帯の中で京浜工業地帯を選択する問題は消去法で正解を導きましょう。

中京工業地帯

愛知県・三重県北部で発達

A 京浜工業地帯、中京工業地帯、阪神工業地帯の工業生産額のグラフから工業地帯を選択する問題が多いです。**機械類の割合が高い点**に注目して、中京工業地帯と判断しましょう。

阪神工業地帯

大阪府・兵庫県で発達

金属類の割合が高い点に注目して、阪神工業地帯と判断しましょう。昔は繊維工業がさかんだったこともおさえておきましょう。

A 11 20世紀初め、八幡製鉄所が操業を開始し、筑豊炭田の石炭と中国から輸入された鉄鉱石を使って鉄の生産が行われた工業地域を何というか。（宮城・改）

! A 12 日本の工業の特徴の一つで、原料や燃料を輸入して、高い技術力で優れた製品を作って海外へ輸出する貿易を何というか。（岩手）

! A 13 製造業などが海外へ生産拠点を移転させることで、国内の雇用が減少し、製造業などの生産能力が弱まることを何というか。（山形）

A 14 農業や漁業など、土地や海などの自然に直接働きかけ、動植物を得る産業を何というか。

B 15 建設業や製造業や鉱業など、自然から得られた材料を加工する産業を何というか。

16 運輸業や教育業や卸売業、医療・福祉など、物の生産に直接かかわらない産業を何というか。

! 17 ひとつの企業が生産から販売までを一貫して行うビジネスモデルを何というか。（鳥取）

■ 日本の主な発電所
（47ページ参照）

- ◦ 水力発電所
- ▲ 火力発電所
- ★ 原子力発電所
- ◇ 風力発電所
- ■ 地熱発電所

（「電気事業便覧」2017年版ほか）

解答 | 解説

地理

北九州工業地域 短

九州北部で発達

北九州工業地域の発達について八幡製鉄所の操業と関連させて出題されます。昔は四大工業地帯の一つでしたが、近年は北九州工業地域とよばれているので注意しましょう。

加工貿易

原料を輸入して製品を作り輸出する貿易

Ⓐ 近年では、地理分野より公民分野で出題されることが多いです。

産業の空洞化 短 空

日本の企業が海外で生産を増やし、国内の産業が衰退すること

Ⓑ 短 産業の空洞化の原因
→企業が工場などの生産拠点を海外に移すことで、国内産業が衰退したため

第一次産業

農林水産業を中心とする産業

第二次産業

鉄鋼業などを中心とする産業

第一次産業・第二次産業・第三次産業についてはグラフを使った出題が多いです。産業別の人口構成の資料を使った出題では、世界の産業との関連が問われます。
また、それぞれの業種がどの産業にあたるかが問われることもあるので、左記の意味を覚えておきましょう。

第三次産業

サービス業、観光業などを中心とする産業

六次産業化 資

第一次・第二次・第三次の産業を統合した産業

Ⓑ 六次産業化を進める利点について、資料を見て答える問題が出題されています。記載がない教科書もありますが、いくつかの府県で出題されています。公民との関連もおさえておきましょう。

■ 日本の主な工業地域・工業地帯

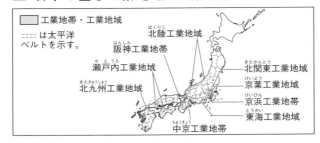

! A 1 都市の消費者向けに、都市から距離の近い地域で行われる農業を何というか。（山形）

! A 2 高知県や宮崎県などで行われている、出荷時期を早める工夫をした栽培方法を何というか。（大分）

! B 3 夏の冷涼な気候を生かし、作物の生長を遅らせる工夫をして栽培する生産方法を何というか。（福島）

! S 4 乳牛を飼い、バターやチーズを生産する農業を何というか。（三重）

! B 5 菊の電照栽培など、ビニールハウスや温室などの施設を利用して花などを栽培する農業を何というか。（鹿児島・改）

A 6 魚介類を、いけすやいかだなどで、出荷するまで育てる漁業を何というか。（山形）

! B 7 海や池などでいけすやいかだを使って、卵や稚魚などを出荷できる大きさになるまで育てる漁業を何というか。（香川）

! S 8 地域の農業の活性化や地域への愛着を深めることを期待し、地元で作られた農林水産物を地元で消費することを何というか。（岐阜）

! 9 輸入する食料の重量に、輸送した距離をかけた値を何というか。（宮崎）

解 答	解 説

地理

近郊農業 短

大消費地に近い都市周辺の農村部で行われる農業

A 短 大都市周辺の農業産出額に占める野菜の割合が高い理由

→消費量の多い大都市に近い条件を活かして、新鮮な野菜を出荷できるから

また、高速道路の利用についてを問う出題もあります。

促成栽培 短

温室やビニールハウスなどの施設を使って、野菜の早づくりを行い、冬に出荷する農業

A 短 促成栽培の商品価格面での利点

→冬でも温暖な気候を活かして生産を行うことで、他の産地からの出荷量が少なく価格が高い時期に出荷できること

抑制栽培

野菜の遅づくりを行い、夏に出荷する農業

B 促成栽培と同様に、短文記述問題で価格変動との関連が問われます。

酪農

牛や山羊などを飼い、乳やそれを加工した乳製品を作る農業

A 酪農は、オランダなどのヨーロッパでも行われています。バイオマス資源に関する問題や、北海道で大型機械を使うことを問う問題もあります。

施設園芸農業

ビニールハウスなどの施設を利用した農業

C 園芸農業の一つです。渥美半島で行われている電照菊の栽培についてよく問われます。抑制栽培との関連で出題されることもあります。

養殖業

いけすやいかだなどで魚介類を育て、大きくなってから出荷する漁業

栽培漁業との相違点をおさえておきましょう。リアス海岸付近で養殖業がさかんな理由が問われることもあります。

栽培漁業

卵や稚魚などを放流して、自然の中で育てる漁業

B 養殖業との相違点に注意が必要です。「卵・稚魚」という語句と、栽培漁業をセットでおさえておくといいでしょう。

地産地消 短

地元で作られた農産物を地元で消費すること

B 短 地産地消の利点

→輸送の距離が短いため、エネルギー消費量と二酸化炭素排出量の削減につながること

フードマイレージ

食料の重量×輸送距離の値

A 環境問題のテーマの一つとして出題されることがあります。短文記述問題では、フードマイレージの求め方が出題されます。

! B 1 千葉県にある輸送金額が日本一の国際空港を何というか。

2 大阪府にある24時間営業している国際空港を何というか。

! 3 日本において省エネルギー技術の開発などが進み、工業製品の輸出が拡大してから、1980年代にアメリカなどとの間で広がった問題を何というか。（新潟・改）

! 4 貨物輸送について、トラックなどの自動車の利用から、船と鉄道の利用へと転換をはかることを何というか。（愛媛）

B 5 航空路が放射状にのび、国際線の乗り換え拠点となる空港を何というか。（佐賀）

■ 日本の交通網

2016年7月
までに整備

━━━━ 新幹線
───── 高速道路
✈ 空港
（東京便，大阪便，福岡便の
いずれかが運行）

0 ────── 400km

神戸港
横浜港
名古屋港

（国土交通省資料ほか）

解答	解説
成田国際空港（なりたこくさいくうこう） 千葉県にある輸送金額が日本一の空港	Ⓐ 成田国際空港など、主な港の輸出入の特徴（とくちょう）をおさえましょう。空港の輸出物品目の特徴についてよく出題されます。輸出品目の中で集積回路は**高価で重量が軽い**、ということを書けるようにしておきましょう。
関西国際空港（かんさい） 大阪府にある24時間営業している国際空港	
貿易摩擦（ぼうえきまさつ） 貿易を行う国の間で起きる対立	Ⓒ 歴史分野でも出題されます。また、アメリカとの貿易摩擦の原因についても出題されます。**自動車の輸出**に着目して答えましょう。
モーダルシフト 国土交通省が二酸化炭素の排出量（はいしゅつ）を抑えるために推進している取り組み	Ⓑ 環境問題のテーマの一つとして出題されます。「船や鉄道を利用することで二酸化炭素の排出量を抑えられる」と書ければ正解です。公共交通機関の利用とパークアンドライドの関係についてもおさえておきましょう。
ハブ空港 国際線の乗り換え拠点となる空港	近年出題が増えているため、左記の意味をしっかりおさえておきましょう。

■ 国内の主な空港と港の輸出額割合

①成田国際空港

半導体等製造装置 9.1%
科学光学機器 5.8
金（非貨幣用）5.6
集積回路 3.9
電気計測機器 3.8
12821497百万円
その他 71.8

②関西国際空港

集積回路 20.4%
電気回路用品 6.4
科学光学機器 6.2
半導体等製造装置 5.2
遊戯用具 4.8
5736248百万円
その他 57.0

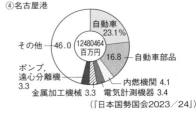

③横浜港

自動車 16.8%
自動車部品 5.2
プラスチック 4.5
内燃機関 4.4
金属加工機械 2.7
7225474百万円
その他 66.4

④名古屋港

自動車 23.1%
自動車部品 16.8
内燃機関 4.1
電気計測機器 3.4
金属加工機械 3.3
ポンプ、遠心分離機 3.3
その他 46.0
12480464百万円

（『日本国勢会2023／24』）

頻 A 1
火山活動により、火山灰や溶岩がふき出したあとにできた大きくかん没した地形を何というか。（長崎）

！頻 S 2
九州南部にある火山からの噴出物が積もってできた台地を何というか。（鹿児島）

A 3
流れ出た土砂や木が川をせき止め、それらが一気に流れ下ることで起こる災害を何というか。

！ 4
植林によって造られた林を管理する方法で、成長にともなって、混みすぎた森林の立木の一部を伐採することを何というか。

D 5
沖縄県の一部でみられる、農業用水の不足から地層の特性を生かして止水壁を作り、地下に水を貯めるしくみを何というか。（沖縄）

！頻 S 6
火山などの地下にある高温の熱水や水蒸気などを利用する発電方法を何というか。（鳥取）

C 7
水俣市のように、環境問題の解決を通じて都市発展を目指す取り組みが認められ、国に選定された都市を何というか。（青森）

！ 8
「みやざき地頭鶏」や「さつま地鶏」など、地域の特徴を活かした商品やサービスと地域を結びつけて価値を高めたものを何というか。

！ S 9
四大公害病の一つで、高度経済成長期に熊本県で有機水銀が海水に流入したことで起こった公害病を何というか。（岐阜・改）

A 10
一つの半導体チップや基板の上に、トランジスターや抵抗、コンデンサーなどを配線して作った電子回路を何というか。

地理

解答	解説

カルデラ
火山灰や溶岩がふき出したあとにできた大きなくぼ地

代表的なカルデラは阿蘇山です。九州地方について出題されるときは頻出です。

シラス台地
火山活動の噴出物が厚く積もり、地層として広がった台地

B シラスの用語を説明させる問題が出題されます。シラス台地の特徴について問われたときは、左記の特徴に加え、「**水はけがよい土地**」についても記述しましょう。

土石流
流れ出た土砂や木が一気に流れ下ることで起きる災害

問題文に「土砂崩れ」という語句があるときは土石流が、「火山の噴火」という語句があるときは**火砕流**が解答のことが多いです。ダムの建設目的にもなっています。

間伐
植林の管理方法。成長にともなって、森林の立木の一部を伐採すること

C 間伐の目的が問われます。森が水をたくわえる力を高める取り組みについて記述できるかがポイントです。また、**植林**とは苗木を植えて、林を作ることです。

地下ダム
地下水の通り道に壁を作って水を貯める施設

ほとんどの教科書に記載されていない難語ですが、沖縄県の公立高校受験生は確認しましょう。琉球・沖縄史については、三分野総合で出題される可能性があります。

地熱発電 短
温泉水や地熱を利用した発電

B 短 フィリピンで地熱発電が多い理由
→環太平洋造山帯に属しているフィリピンは、地熱エネルギーが豊富だから

環境モデル都市
二酸化炭素の排出を減らす取り組みを進めている地方自治体

水俣市は、水俣病の公害を克服し、先進的な環境政策に取り組んできた都市として、**エコタウン**にも選定されています。

地域ブランド 短
みやざき地頭鶏、さつま地鶏など地域の特徴を活かした商品・サービス

C 短 九州南部での畜産業の維持・発展の取り組み
→**GIマーク（地理的表示）**認証による品質保証、ブランド化による価格の維持

水俣病
熊本県水俣市で起きた四大公害病の一つ

A 選択問題では、水質汚濁が原因で起こった公害病について問われます。公害病の原因、起こった場所と、その後の環境対策について整理しておきましょう。

集積回路
略称はIC。九州はシリコンアイランドとよばれる

成田国際空港の輸出入品目との関連で問われることがあります。**小型で軽く、価格が高い**というキーワードをおさえておきましょう。

[第6章 —— 日本地誌]

中国・四国地方

A **1**　中国地方の中央に位置する、標高1000m前後のなだらかな山地を何というか。

A **2**　中国山地と四国山地にはさまれた地域を何というか。

A **3**　中国山地より北の地域を何というか。

A **4**　鳥取県にある標高1000mをこえる火山を何というか。

C **5**　本州・四国連絡橋の一つで、1988年に児島・坂出間に開通した橋を何というか。（鹿児島・改）

S **6**　交通網が整備された結果、大都市に人が引き寄せられる現象を何というか。（岐阜）

7　石油精製工場を中心に関連する企業や工場が集まっている地域を何というか。

A **8**　山の斜面などに階段状に作られた水田を何というか。

9　地域を活性化するために、特色のある自然環境などの観光資源や交通・通信網を活用し行われていることを何というか。

A **10**　1945年8月6日に投下された原子爆弾で、奇跡的に倒壊をまぬがれた建物は何か。（沖縄）

地理

解 答	解 説
中国山地 短 地 中国地方の中央にあるなだらかな山並み	地図を使って、地形について問う問題が多いです。
瀬戸内 中国山地と四国山地にはさまれた地域	中国地方は中国山地の北にある山陰、中国山地と四国山地にはさまれた瀬戸内、中国山地の南にある山陽に区分されます。四国山地の南を南四国といいますが、出題頻度は高くありません。
山陰 中国山地より北の地域	
大山 鳥取県にある標高1000mをこえる火山	出題頻度は高くありませんが、地図を使って出題されることがあります。
瀬戸大橋 短 本州・四国連絡橋の一つ	Ａ 短 瀬戸大橋の開通後、人の移動はどう変化したか →フェリーから鉄道や自動車へと主たる移動手段が変化したことで、移動時間が短縮され、人や物の流れが活発になった 四国の高速道路が整備されたことについても、おさえておきましょう。
ストロー現象 都市の間が交通網で結ばれ、大都市に人が吸い寄せられて移動する現象	近年、新語として出題されています。ドーナツ化現象（45ページ）と関連させておさえておきましょう。
石油化学コンビナート 短 石油精製工場を中心に関連企業や工場が集まる地域	Ｓ 短 石油化学コンビナートが海に面している理由 →原油の輸入に便利な臨海部だから
棚田 山の斜面に階段状に作られた水田	Ｃ 写真を使った出題もあります。水田でなく畑の場合は**段々畑**です。段々畑ではみかんの栽培がさかんです。
町おこし 短 村おこし、地域おこしともいう	Ｓ さまざまな企業や団体が協力して地域の課題に対応し、町おこしに取り組もうとしています。また、集落人口の50％以上が高齢者で、存続が危ぶまれる集落を**限界集落**といいます。
原爆ドーム 負の遺産といわれる世界文化遺産	地図上で原爆ドームの位置や属する県（広島県）の位置を選択する問題があります。歴史分野での出題も多いです。世界遺産をテーマにした問題で問われることも多いので注意しましょう。

S 1 滋賀県にある日本最大の湖を何というか。(山形・改)

A 2 近畿地方の南部にある険しい山地を何というか。

A 3 大阪を中心に、神戸や京都、奈良などに広がる、人や物の移動で強いつながりを持つ地域を何というか。

A 4 都心と郊外を結ぶ鉄道が集中し、多くの人が利用する駅を何というか。(青森)

! 5 京都市で長い歴史に育まれた伝統的な景観を守るために1972年に制定した条例を何というか。

B 6 近畿地方の南部で生産されている木材を何というか。(青森)

A 7 有形・無形文化財の保存に努めて、国民の文化的向上に役立てることを目的とした法律を何というか。(岐阜・改)

■ 紀伊山地と飛び地

地理

解答	解説
琵琶湖 地 滋賀県にある日本最大の湖	近畿地方の地域史をテーマにした問題で問われることもあります。琵琶湖の汚染に関する条例や琵琶湖から流れる**淀川**が聞かれたことがあります。
紀伊山地 短 地 近畿の南部にある険しい山地	短 和歌山県の北山村は、なぜ三重県と奈良県に囲まれた**飛び地**になったか →**熊野川**の水運を利用して、北山村から和歌山県へ吉野すぎの木材を運んでいたから
大阪大都市圏 圏 京阪神大都市圏ともいわれる	人口集中のグラフを用いて、どの大都市圏のグラフか選択させる問題が出題されることがあります。
ターミナル駅 都心と郊外や、近県の各地とを結ぶ鉄道の起終点駅	主に、新宿、池袋、渋谷について問われますが、近畿地方では大阪(梅田)が代表です。阪急電鉄などを創設した**小林一三**(宝塚音楽学校も創設)もおさえておきましょう。
市街地景観整備条例 短 町並みの景観を損なわないために建物の高さ、デザイン、店の看板などを規制する条例	A 短 市街地景観整備条例の目的と内容 →(目的)**伝統的な景観や街並みを守るため** →(内容)**建物の高さやデザインなどを制限している** 京都だけでなく、奈良などについても出題されます。
吉野すぎ 奈良県の木材ブランド	吉野すぎの輸送方法をおさえましょう(紀伊山地の解説参照)。県境と熊野川が重なっている点に注意しましょう。
文化財保護法 1950年に制定された国民の文化的向上に役立てることを目的とした法律	無形文化財に関連したテーマで出題されることがあります。ユネスコでは2003年に無形文化遺産保護条約に基づき、芸能や伝統工芸技術などを保護するために**無形文化遺産**が定められました。

■ 日本の主な無形文化遺産

能楽

歌舞伎

和食

A **1**　ある日本アルプスの最東部にある山脈を何というか。（埼玉・改）

B **2**　岐阜県から愛知県や三重県に広がる平野を何というか。（宮城）

S **3**　中央省庁の地方部局や大企業の本社・支社などが集まった名古屋市と周辺の都市の一帯を何というか。

C **4**　静岡県の太平洋沿岸を中心に形成されている工業地域を何というか。（北海道・改）

B **5**　ファインセラミックスには瀬戸市で生産が盛んな工芸品の生産技術が応用されている。この工芸品は何か。（奈良）

! **A** **6**　環境破壊の進行を止め、生態系の維持を図り、自然と人間との調和を保つことを何というか。

! **7**　中央高地の涼しい気候を利用して栽培される野菜（レタスやキャベツなど）を何というか。

C **8**　夏季の気温が低い地域で寒さに強い稲を作るなど、さらに優れた品種を作ることを何というか。（千葉・改）

! **9**　「合掌造り」という独特の様式の伝統的な家がある世界遺産を何というか。

A **10**　石川県で生産される伝統的工芸品の漆器を何というか。

解 答	解 説

赤石山脈
日本アルプスの一つ

地図を使った出題が多いです。また、日本アルプスを答えさせることもあります。飛騨山脈、木曽山脈もあわせて確認しましょう。

濃尾平野
愛知県などに広がる平野

地図を使った出題が多いです。輪中もおさえておきましょう。

名古屋大都市圏
名古屋市を中心に岐阜県や三重県などと結びつく都市一帯

過疎・過密についても確認しましょう。加えて、ドーナツ化現象、ストロー現象なども関連知識としておさえておきましょう。

東海工業地域
静岡県の太平洋沿岸に広がる工業地域

地方の工業地域については、瀬戸内工業地域、京葉工業地域、北関東工業地域もおさえておきましょう。各工業地域の特色を確認しておきましょう。

陶磁器
伝統工業の一つで瀬戸市や多治見市などが有名

自動車部品の素材であるファインセラミックスには、陶磁器の生産技術が応用されています。

環境保全 短
環境破壊の進行を止め、生態系の維持を図り、自然と人間との調和を保つこと

Ｂ 短 環境保全の対策例
→富士山で入山料を徴収する、琵琶湖の生態系保全のため、乱獲を禁止する、観光地への車の乗り入れを抑制する（パーク・アンド・ライド）

高原野菜
涼しい気候を利用してレタスやキャベツなどを栽培

Ｂ 高原野菜の特徴が問われることが多いです。抑制栽培についてもおさえておきましょう。農家がキャベツをトラクターで大量処分する理由を問われたら、**供給量が過剰になり価格が下落するため**、と答えましょう。

品種改良
遺伝子を改善し、農作物や家畜などの、優れた新しい品種を作ること

品種改良が行われる理由について、気候と関連しておさえましょう。稲は寒さに弱いため、寒さに強い品種が作られます。また、中国で米が生産される地域との違いについて出題されたこともあります。

白川郷
岐阜県にある世界文化遺産

Ａ 合掌造りの特徴が出題されています。積雪が多い地域との関連をおさえましょう。

輪島塗
石川県輪島市の伝統的工芸品

輪島塗が生産されている都道府県名が出題されます。

地理

B **1** 日本最大の流域面積をもつ河川を何というか。(長野)

2 冬に関東の内陸部をふく北西の季節風をとくに何というか。

! A **3** 自動車やエアコンなどの排熱がこもりやすくなるために起こる、都市の周辺部と比べて中心部の気温が上がる現象を何というか。(山形)

! **4** ヒートアイランド現象が原因で、都市の中心部で起こる集中豪雨を何というか。(栃木・改)

! A **5** 消費地に近い立地を生かして、輸送にかかる費用や時間を抑え、野菜や果物などを新鮮なうちに出荷する農業を何というか。(栃木)

! **6** 国の政治や経済、文化などの中心地を何というか。

! **7** 機械や食品加工、印刷などの工場がみられる、関東の内陸部に形成されている工業地域を何というか。

! **8** 地面の多くがアスファルトなどでおおわれている大都市で、激しい雨が降ったとき一時的に水をためておく施設を何というか。

■ SDGs未来都市の例

青森県弘前市
SDGsで切り拓く持続可能な
「日本一のりんご産地」の実現

東京都東村山市
ワンランク上のベッドタウン東村山
〜SDGsビジョン「笑顔つながる東村山」を目指して

福井県鯖江市
持続可能なめがねのまちさばえ
〜女性が輝くまち〜

愛媛県西条市
豊かな自然と共生し「ヒト」と「活動」が
好循環するまち西条創生事業

熊本県水俣市
みんなが幸せを感じ、
笑顔あふれる元気なまちづくり

出典：国土地理院ウェブサイト (http://maps.gsi.go.jp) の白地図をもとに作成

地理

解 答	解 説
利根川 地 関東平野を流れる流域面積が日本一の河川	地図を使った問題や、一問一答形式での出題があります。
からっ風 短 関東地方に冬にふく、冷たく乾燥した北西の季節風	冬にふく北西の季節風は、越後山脈にぶつかって日本海側に雨や雪を降らせます。山を越えたあとは、冷たく乾燥したからっ風として関東地方にふきます。
ヒートアイランド現象 短 気温が周囲よりも高くなる現象	🅐 短 左記問題文の内容と意味をおさえておきましょう。ゲリラ豪雨とセットで出題されることもあります。
ゲリラ豪雨 短 集中豪雨の一つ	🅒 短 集中豪雨による都市部の大規模な水害の理由 　→地面がコンクリートやアスファルトで舗装されているため、雨がしみこみにくいから 解決策として、下記の地下調整池も覚えておきましょう。
近郊農業 短 大都市近郊で行われる園芸農業	🅐 左記問題文の内容と意味をおさえておきましょう。
都心 短 国の政治や行政などの中心地	🅑 短 郊外に都市や地区が計画的に作られた目的 　→都心に集中する都市機能を各地に分散させるため 都心部の**再開発**についても出題されることがあります。
北関東工業地域 短 資 自動車や電気機械、食品などの工業が発達	🅒 短 北関東工業地域で工業が発達した理由 　→高速道路の建設や新幹線の開通で、物流が整ったから
地下調整池 短 調節池ともいう	🅐 短 地下調整池が作られた理由 　→ゲリラ豪雨や集中豪雨の解決策として、一時的に水を貯めこむ設備が必要になったから

■ 副都心エリア

A 1 東北地方にある、太平洋側と日本海側に二分する山脈を何というか。

⚠頻 A 2 夏になると寒流の親潮の影響を受けてふく、冷たく湿った北東の風を何というか。（埼玉・改）

B 3 稲穂が描かれた提灯を米俵に見立てて、米の豊作などを祈る秋田県の祭りを何というか。

⚠ A 4 1980年に国の重要無形民俗文化財に指定された青森県の祭りを何というか。（三重・改）

⚠ A 5 青森県の津軽塗、福島県の会津塗、山形県の天童将棋駒など伝統的な技術を守るため国が指定した工芸品を何というか。（山形）

B 6 岩手県で生産されている、伝統的工芸品は何か。

A 7 風の力を利用し、風車を回し発電する再生可能エネルギーを用いた発電方法を何というか。（福井・改）

⚠ 8 産地の特徴と結びついた特有の品質や評価を持つ産品について、その産地の品質等を特定する表示を何というか。（福井・改）

■ 再生可能エネルギーの長所と短所

発電の種類	長所	短所
太陽光発電	故障しにくい、どこでも設置設置可能	不安定、コストが高い
風力発電	工期が短い、雇用を生み出す	不安定で場所が限られる
地熱発電	小規模でも可能、コストを回収できる	導入時のコスト高く、場所が限定
バイオマス発電	環境問題を解決、地域の活性化	穀物など燃料費の高騰を招く恐れ

解答	解説

奥羽山脈 地
東北地方の中央部にそびえる山脈

漢字を間違えないよう注意しましょう。

やませ 短
海からふき込む冷たく湿った北東風

B 短 やませが東北地方の稲作に与える影響
→日照時間が短くなったことで気温が下がり、作物の生育が悪くなった

竿燈まつり
秋田県で行われる伝統行事の一つ

伝統行事の一つとして出題されてきます。

ねぶた祭り
青森県で行われる伝統行事の一つ

竿燈まつり、七夕まつりともに祭りが行われる位置について地図を用いて問われます。

伝統的工芸品 短
伝統工芸品のうち、経済産業省によって指定された工芸品

B 短 伝統的工芸品が作られた背景
→冬に降雪量が多く、農作業ができない地方だから

南部鉄器
盛岡市の伝統工芸品

東北地方、北陸地方の伝統工芸品については、場所と県名をセットでおさえましょう。写真を用いた出題もあります。

風力発電 短
再生可能エネルギーの一つで、風の力で発電する

短 風力発電の利点と問題点
→工期が短く雇用を生み出すが、設置できる場所が限られる
左ページの表もおさえましょう。再生可能エネルギーは二酸化炭素の排出量を抑えることができる一方、費用が高いという課題も残されています。

GIマーク
地域に根ざした名称をもった品質のよい農産物につけられるマーク

A ブランド化、地域ブランド（55ページ参照）と関連させておさえておきましょう。短文記述問題で、GIマークをつける目的が問われることもあります。

■ 伝統的工芸品

津軽塗
大館曲げわっぱ
天童将棋駒
九谷焼
加賀友禅
南部鉄器
鳴子漆器
会津塗
輪島塗

B **1** 多くの野生動物や植物が生息している北海道東部にある半島を何というか。（千葉）

! A **2** 釧路（くしろ）の夏の日照時間が短い要因は何か。（茨城・改）

A **3** オホーツク海沿岸で、冬になると北から流れてくるものは何か。（兵庫・改）

A **4** 石狩（いしかり）平野に広がる農業に適さない土地で、気温が低く植物が完全に分解されずにできた土が重なってできた土地を何というか。（神奈川）

C **5** 明治時代に政府によって北海道に置かれた役所を何というか。（岐阜）

B **6** 明治時代に農業と北方の警備の役割をかねた何が大規模（だいきぼ）な開拓（かいたく）を行ったか。（福岡・改）

■ 日本の世界文化遺産

（2024年11月現在）

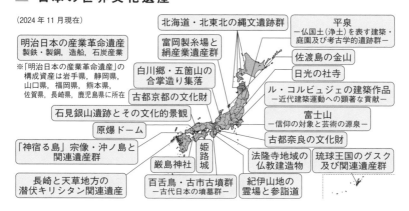

明治日本の産業革命遺産
製鉄・製鋼，造船，石炭産業

※「明治日本の産業革命遺産」の
構成資産は岩手県，静岡県，
山口県，福岡県，熊本県，
佐賀県，長崎県，鹿児島県に所在

石見銀山遺跡とその文化的景観

原爆ドーム

「神宿る島」宗像・沖ノ島と
関連遺産群

長崎と天草地方の
潜伏キリシタン関連遺産

富岡製糸場と
絹産業遺産群

白川郷・五箇山の
合掌造り集落

古都京都の文化財

厳島神社

姫路城

百舌鳥・古市古墳群
―古代日本の墳墓群―

北海道・北東北の縄文遺跡群

平泉
―仏国土（浄土）を表す建築・
庭園及び考古学的遺跡群―

佐渡島の金山

日光の社寺

ル・コルビュジェの建築作品
―近代建築運動への顕著な貢献―

富士山
―信仰の対象と芸術の源泉―

古都奈良の文化財

法隆寺地域の
仏教建造物

紀伊山地の
霊場と参詣道

琉球王国のグスク
及び関連遺産群

地理

解答	解説
知床半島（しれとこ） 2005年に世界自然遺産に登録された	世界遺産をテーマにした問題や、環境問題（木道の設置）について出題されます。
濃霧（のうむ） 短 夏に太平洋からふきつける南東の季節風が、親潮に冷やされて発生する	**ⓒ** 短 濃霧が発生する原因 →夏の湿った季節風が、千島海流（親潮）の影響を受けて冷やされるため
流氷（りゅうひょう） 空 地 オホーツク海沿岸で冬になると流れてくる氷のかたまり	流氷がみられる場所を地図から選択させる問題が出題されています。
泥炭地（でいたんち） 沼地や湿地に枯れた植物が堆積し、長い年月を経て泥状の炭になった土地	**石狩平野**（いしかり）とセットで出題されることが多いです。また、**客土**（きゃくど）（他の土地から土を搬入すること）についても出題されています。
開拓使（かいたくし） 開拓のための役所	歴史分野でも出題されます。漢字を書かせる問題もあるので、漢字で書けるようにしましょう。
屯田兵（とんでんへい） 北海道の開拓とロシアへの防備にあたっていた兵	歴史分野でも出題されます。開拓使は「**役所**」、屯田兵は「**北方の警備**」がキーワードです。混同しないよう注意しましょう。

■ 日本の世界自然遺産

知床（しれとこ）
（北海道）
登録年：2005 年

白神山地（しらかみ）
（青森県・秋田県）
登録年：1993 年

屋久島（やくしま）
（鹿児島県）
登録年：1993 年

奄美大島（あまみおおしま），徳之島（とくのしま）
沖縄島北部及び西表島（いりおもてじま）
（鹿児島県，沖縄県）
登録年：2021 年

小笠原諸島（おがさわらしょとう）
（東京都）
登録年：2011 年

（環境省資料より）

日本の時代区分

1 イエスが生まれたとされる年を基準にした年代の数え方を何というか。

頻 2 100年を一つの区切りとする年代の数え方を何というか。

B 3 古墳時代から平安時代までの時代区分を何というか。

S 4 鎌倉時代から戦国時代までの時代区分を何というか。

B 5 安土桃山時代から江戸時代までの時代区分を何というか。

B 6 明治時代から昭和初期までの時代区分を何というか。

年代	紀元前10000	紀元前200	西暦1	100	200	300	400	500	600	700	800	900	1000	1100	1200	1300
日本の時代区分	原始								古代					中世		
時代	旧石器時代	縄文時代	弥生時代			古墳時代			飛鳥時代	奈良時代	平安時代			鎌倉時代		南北朝時代
中国の王朝	殷	秦	前漢	後漢		魏蜀呉			隋 唐			宋			元	

解答	解説

西暦 選
キリストが生まれたとされる年を基準とした年代の数え方

B 西暦と世紀については以下のことをおさえておきましょう。
1年～100年＝1世紀、101年～200年＝2世紀、……2001年～2100年＝21世紀。下2桁の数字が00年の場合、残りの数字がそのまま世紀となります。つまり、1600年だと残った数字が16になるため16世紀です。
下2桁の数字が00以外の場合、それを100の位に切り上げて世紀とします。つまり、1901年だと01を100の位に切り上げると20となるので、20世紀です。

世紀
西暦を基準に100年を一区切りとする単位

古代
飛鳥時代～平安時代中期までの時代区分

どの時代がどの時代区分にあたるかを意識して学習することが大事です。
古代の前には、原始（旧石器時代から古墳時代）、近代のあとには、現代（昭和中期から令和時代）と区分されます。なお、中世は平安時代後期（院政期）からという説もあります。
以下の表を覚えておきましょう。

中世
鎌倉時代～室町時代の時代区分

近世
安土桃山時代～江戸時代の時代区分

近代
明治時代～昭和初期の時代区分

歴史

		近世				近代		現代	
室町時代	安土桃山時代	江戸時代		明治時代	大正時代	昭和時代	平成時代	令和時代	

1400	1500	1600	1700	1800	1900	2000

明	清	中華民国	中華人民共和国

1 約2万年前に新人によって描かれた、フランスにある壁画を何というか。

S 2 古代文明の一つで、ナイル川流域で発展した文明を何というか。

3 エジプト文明で使われた、物の形をかたどって作られた文字を何というか。

A 4 チグリス川とユーフラテス川にはさまれたところで発展した文明を何というか。(三重・改)

5 メソポタミア文明で使用された文字を何というか。

6 紀元前2500年ごろ、インダス川流域に栄えた文明を何というか。(福島)

■ 古代文明

解答	解説

ラスコー

フランスにある新人（クロマニョン人）が描いた壁画

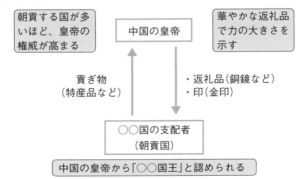 **D** スペインで発見された壁画であるアルタミラと混同しないように注意しましょう。なお、**新人**（ホモ・サピエンス）は、約20万年前に出現した、現在の人類の直接の祖先です。

エジプト文明 地

紀元前3000年ごろ、ナイル川流域で発生した文明

地図上での位置をおさえておきましょう。
エジプト文明の特徴としては、ピラミッド、**太陽暦**、**象形文字**（**神聖文字・ヒエログリフ**）をおさえましょう。

象形文字 資

ものの形をかたどった文字

メソポタミア文明

紀元前3000年ごろ、チグリス川・ユーフラテス川付近で発生した文明

B メソポタミア文明の特徴として、くさび形文字、**太陰暦**、7曜制や（1週間を7日とする）、60進法などをおさえましょう。
くさび形文字は粘土板に刻んで使用されました。くさび形文字を使ってまとめたのが**ハンムラビ（ハムラビ）法典**で、初めてメソポタミアを統一したハンムラビ王が整えた法です。

くさび形文字

メソポタミア文明で使用された文字

インダス文明 資

紀元前2500年ごろ、インダス川流域で発生した文明

インダス文明の特徴として、**インダス文字**をおさえておきましょう。

■ 朝貢形式（73ページ、103ページ参照）

```
┌──────────┐                    ┌──────────┐
│朝貢する国が多│    ┌────────┐    │華やかな返礼品│
│いほど、皇帝の│    │中国の皇帝│    │で力の大きさを│
│権威が高まる │    └────────┘    │示す     │
└──────────┘         ↑│          └──────────┘
                      ││
         貢ぎ物        ││  ・返礼品（銅鏡など）
       （特産品など）   ││  ・印（金印）
                      │↓
                 ┌──────────┐
                 │○○国の支配者│
                 │（朝貢国）  │
                 └──────────┘

        ┌──────────────────┐
        │中国の皇帝から「○○国王」と認められる│
        └──────────────────┘
```

歴史

A 7 紀元前16世紀ごろに黄河の流域でおこった王朝を何というか。（岐阜）

A 8 殷の遺跡から出土したもので、漢字のもとになった文字を何というか。（新潟・改）

! A 9 弥生時代の祭りに使われた銅剣や銅鐸のような金属器を何というか。（島根・改）

A 10 主に農具の刃先や武器、工具などに用いられた金属器を何というか。（大阪・改）

B 11 「思いやりの心（仁）で行いを正し、日常の生活や政治に取り組むことにより、国はよく治められる」と説き、「儒教の祖」といわれる思想家は誰か。（鳥取）

B 12 孔子によって説かれた教えを何というか。（滋賀・改）

B 13 紀元前3世紀に、中国を統一した王朝を何というか。（北海道・改）

! A 14 ユーラシア大陸の東西を結ぶ交易路を何というか。（兵庫）

! 15 貢物を送り国交を開く外交形式を何というか。（静岡・改）

A 16 中国の歴史書には、ある国が邪馬台国の卑弥呼に対して金印や銅鏡を与えたとある。この国を何というか。（奈良）

解答	解説
殷 紀元前1500年ごろに成立した中国最初の王朝	優れた青銅器や甲骨文字が作られました。このころ日本は縄文時代でした。日本のそれぞれの時代で、中国はどの王朝だったかもおさえておきましょう。
甲骨文字 資 亀の甲や牛の骨に刻まれた文字で漢字のもととなる文字	甲骨文字は元々、占いで使用されていました。日本でも同様の占い(太占)が実施されました。
青銅器 空 銅と錫の合金で祭祀用として使われた金属器	Ⓐ 青銅器は祭りの道具として使用されました。日本では、弥生時代に青銅器が使用されるようになりました。
鉄器 金属器の一つで、実用・武器に用いられたもの	鉄器と青銅器の使用法の違いをおさえておきましょう。青銅器が祭祀に使用されたのに対し、鉄器は実用的品や武具として使用されました。
孔子 儒教を説いた人物	孔子は紀元前6世紀ころの人物です。儒教は、思いやりの心である仁と、相手との関係性に応じて、適切なふるまいをする礼に基づいた政治をするべきだという教えです。十七条の憲法にも仏教と同じように儒教の教えが取り入れられています。 なお、儒教が日本に伝わったのは、仏教とほぼ同時期です。
儒教 短 仁による行いにより国はよく治められるとする考え	
秦 紀元前3世紀に中国を統一した王朝	秦の皇帝は**始皇帝**です。始皇帝陵から発見された**兵馬俑**(兵士と馬の形をした等身大の像)確認しましょう。
シルクロード 地 ユーラシア大陸の東西を結ぶ交易路(絹の道)	Ⓒ シルクロードを通じて、漢とローマ帝国が交易をしていました。
朝貢 短 周辺諸国の王に印を与えるなど、中国皇帝の家臣の立場で国交を結ぶ	Ⓑ 古代の日本と中国は**朝貢形式(冊封体制)**でした。中国の皇帝の権威により、国内を統治し、他国が侵略してきた際には、中国の力を借りることができました。
魏 短 三国時代の一つで、曹丕が初代皇帝	中国三国時代の国の一つで、他に蜀・呉があります。

ギリシャ文明・ローマ帝国・宗教の成立

C 1 地中海各地に建設された、アテネやスパルタのような都市国家を何というか。（青森）

B 2 ギリシャの文化とオリエントの文化が結びついた文化を何というか。（岐阜）

S 3 仏教を説いたとされる人物は誰か。（宮城）

4 パレスチナ地方に生まれ、キリスト教を開いた人物は誰か。

B 5 11世紀から13世紀にかけて、多くのヨーロッパの王や貴族が、ローマ教皇のよびかけにこたえてイスラム教徒から奪還しようとした場所はどこか。（三重・改）

A 6 イスラム教を開いた人物は誰か。（三重・改）

■ 紀元前2世紀ごろに開かれたシルクロード

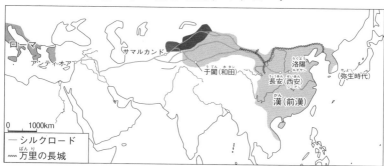

解　答	解　説
ポリス 地中海各地で作られた都市国家	都市国家の例として、**アテネ**や**スパルタ**などがあります。
ヘレニズム アレクサンドロス大王の遠征によりギリシャ文明が東方に広がった文化	オリエントは、エジプト文明とメソポタミア文明をあわせたところで、太陽が昇る場所、という意味です。奈良時代の天平文化（89ページ）は、ヘレニズム文化の影響の影響を受けています。
シャカ（釈迦） 仏教の開祖	宗教の開祖についてと、日本の**仏教**関連の問題の出題が多いです。
イエス キリスト教の開祖	**キリスト教**の開祖として問われることが多いです。
エルサレム 選 イスラム教の聖地	イスラム教は、ヨーロッパの東やアラビア半島を中心に勢力を広げます。その結果、聖地エルサレムをめぐり、キリスト教徒と争うようになります。
ムハンマド イスラム教の開祖。マホメットともいう	イスラム教（23ページ）の内容とあわせて覚えておきましょう。

歴史

■ 三大宗教（世界宗教・23ページ参照）

宗教	成立	開祖	特徴
仏教	B.C.5世紀	シャカ	経典（きょうてん）
キリスト教	1世紀	イエス	新約聖書（しんやくせいしょ）、エルサレム
イスラム教	610年ごろ	ムハンマド	コーラン、メッカ、エルサレム

■ その他の宗教（民族宗教・23ページ参照）

宗教	成立	開祖	特徴
ユダヤ教	紀元前5世紀ごろ	未詳	旧約聖書（きゅうやくせいしょ）、ヤハウェ
ヒンドゥー教	4世紀ごろ	未詳	カースト制、ブラフマー、ヴィシュヌ、シヴァ

[第 3 章 —— 原 始 の 日 本]

旧石器時代・縄文時代

A **1** 石を打ち欠いて作られた、鋭い刃をもつ石器を何というか。

2 1946年に相沢忠洋によって発見された、群馬県の遺跡を何というか。

！ **3** 約1万年前に氷期が終わると、海面が上昇し、日本列島は、現在の姿になった。この時代を何というか。

S **4** 骨や貝がらなどの食べ物の残り、石器や土器などが堆積したものを何というか。（香川）

A **5** 地面を掘ったくぼみに柱を立て、屋根をかけた建物を何というか。（奈良）

A **6** 縄文時代の遺跡から出土された、祈りのために、土で作られ、人形にかたどられたものを何というか。（長崎・改）

7 青森県の遺跡から、当時の人々が優れた技術で大きな建物を造り、遠い地域と物の交換をしていたことがわかった。この遺跡は何か。

8 新石器時代に、石を磨いて作った石器を何というか。（滋賀）

■ 旧石器・縄文・弥生時代の遺跡

時代	都道府県名	遺跡
旧石器時代	群馬県	岩宿遺跡
	長野県	野尻湖遺跡
縄文時代	青森県	三内丸山遺跡
	東京都	大森貝塚
弥生時代	福岡県	板付遺跡
	静岡県	登呂遺跡
	佐賀県	吉野ヶ里遺跡

解答	解説
打製石器 資 石を打ち欠いて作られた石器	打製石器は旧石器時代に使用された道具であることをおさえておきましょう。
岩宿遺跡 相沢忠洋が発見した、群馬県の遺跡	**関東ローム層**から打製石器が発見されました。この遺跡によって、日本にも旧石器時代が存在することがわかりました。
縄文時代 空 約1万年前に成立した時代	Ⓐ この時代に使用されていた**縄文土器**は、低温で焼かれた黒褐色で、表面に縄目の文様がついている土器です。
貝塚 骨や貝がらなどの食べ物が捨てられていた場所	代表的な貝塚として、**加曽利貝塚**、**大森貝塚**をおさえておきましょう。貝塚から、当時の人々の生活の様子がわかります。
竪穴住居 図 地面に穴を掘り、屋根をつけた住居	縄文時代から奈良時代まで住居として使われました。小高い丘や水辺など、食料を見つけやすい場所に建てられました。
土偶 図 食物が豊かに実ることなどを祈り、まじないに使われたもの	土偶は女性をかたどったもので、まじないのために使用されました。埴輪(81ページ)と混同しないように注意しましょう。
三内丸山遺跡 青森県にある、遠い地域と物の交換を行った集落の跡	三内丸山遺跡は、日本最大級の縄文時代の遺跡です。2021年に、三内丸山遺跡を含む「北海道・北東北の縄文遺跡群」が世界文化遺産に登録されました。
磨製石器 石を磨いて作った石器	石包丁は稲を刈るときに使用された道具で、磨製石器の一つです。磨製石器が使われた時代を**新石器時代**といいます。

■ **打製石器**

■ **磨製石器**

歴史

[第3章 —— 原始の日本]

弥生時代

| A | 1 | 紀元前4世紀から紀元後3世紀ごろの間、弥生土器を使っていた時代を何というか。 |

| S | 2 | 稲作が本格的に始まり、収穫した米を収めて貯蔵した建物を何というか。（三重・改） |

| ! A | 3 | 弥生時代に作られた、つりがね形の青銅器を何というか。 |

| A | 4 | 弥生時代に使われた、稲を収穫するための道具を何というか。 |

| S | 5 | 高床倉庫が発見された、佐賀県の遺跡を何というか。（三重・改） |

| ! B | 6 | 1784年に福岡県の志賀島で発見され、「漢委奴国王」と刻まれた、漢の皇帝から贈られたものを何というか。 |

| B | 7 | 3世紀中ごろに日本にあった、30余りの国を統一した国家を何というか。 |

| S | 8 | 魏に使いを送り、称号と金印を授けられた邪馬台国の女王は誰か。（埼玉・改） |

| ! C | 9 | 卑弥呼が魏の王から与えられた称号を何というか。（茨城・改） |

解答	解説

弥生時代
紀元前3世紀ごろに成立した水稲耕作などが行われた時代

この時代の土器である弥生土器は薄手でじょうぶな土器です。ただ、近年は炭化米の科学的分析により、紀元前10世紀ごろのものであるとされています。

高床倉庫 資
稲を蓄えるための倉庫

高床倉庫は、弥生時代の特徴を表すキーワードの一つです。銅鐸に、高床倉庫が描写されているものがあります。

銅鐸
青銅器の一つ。漁や脱穀の様子が描かれている

A 銅鐸には、漁や脱穀の様子や、高床倉庫などが描かれています。

石包丁
磨製石器の一つで、稲を収穫する道具

稲の収穫を穂首刈りで行っています。中期から後期にかけては、鉄鎌を使った根刈りで行っています。

吉野ヶ里遺跡 短
佐賀県にある最大級の環濠集落

吉野ヶ里遺跡では、集落の周りに柵が作られ、柵の外側を水の入った濠で囲んだ環濠集落がみられます。物見やぐらが用意されており、戦いに備えていたことがわかります。

金印
漢の皇帝が奴国の王に贈った金印

C 金印は、福岡県志賀島で発見されました。金印には、「漢委奴国王」と記されていました。当時の日本の様子は、『後漢書』東夷伝に記述されています。

邪馬台国 史
2～3世紀ごろに30余りの国を統一した国家

邪馬台国の女王は卑弥呼です。邪馬台国の所在地については、畿内説・北九州説で見解が分かれています。

卑弥呼
邪馬台国の女王

邪馬台国の女王となり、弟と協力して政治を行いました。当時の日本の様子は、『魏志』倭人伝に記述されています。

親魏倭王
卑弥呼が魏王から授かった称号

C 邪馬台国が魏に使いを送った目的が短文記述問題で問われます。朝貢形式と記述は似ていますが、王の地位を認めてもらい、中国の力を借りて支配を強めようとした、などの記述ができれば問題ありません。

歴史

古墳時代・ヤマト政権

!	1	3世紀末から4世紀はじめ、大和を中心に成立した政権を何というか。

S	2	ヤマト政権の勢力が広がるにつれて、各地の豪族が作った鍵穴のような古墳を何というか。（鹿児島・改）

! B	3	大和政権における最高権力者の称号を何というか。（大阪）

A	4	5世紀中ごろに作られた、仁徳天皇の墓といわれる日本最大の面積を誇る古墳を何というか。（東京）

C	5	「ワカタケル大王」の名が刻まれている鉄剣が発見された埼玉県の古墳を何というか。（大阪）

B	6	古墳の周囲に置かれたさまざまな形の焼き物のことを何というか。（山形）

B	7	6世紀に仏教をもたらすなど、日本との関わりが深い朝鮮半島の国を何というか。（島根・改）

頻 A	8	朝鮮半島などから日本列島に移住して、土器や鉄器の製造や絹織物など、多くの技術を日本に伝えた人々を何というか。（千葉・改）

B	9	渡来人によって伝えられた、灰色の堅い土器を何というか。

C	10	埼玉県で出土した鉄剣に刻まれているワカタケル大王という名でよばれた天皇は誰か。（愛媛・改）

解答	解説

大和政権 短
3世紀後半に出現した、強大な権力をもった勢力

Ⓑ 大和政権の勢力範囲は、稲荷山古墳や江田船山古墳などの遺跡から、九州地方から東北地方の南部まで広がりました。教科書によってはヤマト政権、大和王権などと記載しています。

前方後円墳
前が方墳、後ろが円墳の形をした豪族の墓

古墳とは王や豪族の墓のことです。

大王 短
大和政権の最高権力者

Ⓑ 大王はのちに天皇とよばれるようになります。

大仙古墳 地 図
仁徳天皇の墓といわれる日本最大の面積を誇る古墳

大仙古墳の位置を、地図で確認しておきましょう。2019年に「百舌鳥・古市古墳群」とし世界文化遺産に登録されました。

稲荷山古墳 地
埼玉県にある古墳。ワカタケル大王の名が刻まれている鉄剣が発見された

稲荷山古墳の位置を地図で確認しておきましょう。なお、江田船山古墳と混同しないように注意が必要です。熊本県で発見された江田船山古墳からは、「ワカタケル大王」と刻まれた鉄刀が出土しました。

埴輪 図 選
古墳の周りに置かれた焼き物

埴輪は古墳の周りに置かれ、兵士や家、馬などをかたどった焼き物です。縄文時代の土偶(77ページ)と混同しないよう注意しましょう。

百済 地 短
朝鮮半島南西部にある王朝

4・5世紀の朝鮮半島の国である新羅、高句麗、加耶諸国とあわせて、地図で位置を確認しておきましょう。倭国が朝鮮半島南部に進出したのは鉄資源を獲得するためです。

渡来人
大陸から日本列島に移住し、さまざまな文化を伝えた人々

渡来人が日本に伝えたものには、仏教や儒教、漢字などがあります。

須恵器 図
大陸から伝わった硬質の土器

大陸から、須恵器とともにのぼりがまの技術も伝来しました。なお、土師器は、弥生時代の土器を継承したものです。

雄略天皇 短
ワカタケル大王、倭王武ともいわれる

倭王武の遣使の目的は、朝鮮半島南部の支配権を認めてもらうことにありました。当時の日本の様子は、中国の歴史書『宋書』倭国伝で記述されています。

歴史

S 1 ヤマト王権（大和政権）が小野妹子らを派遣したときの中国の王朝を何というか。（三重）

A 2 7世紀から9世紀末までの間、わが国がたびたび使節を送った中国の王朝名を何というか。（大阪）

A 3 朝鮮半島から伝わった仏教を広めようとした有力豪族は何氏か。（岩手・改）

A 4 推古天皇の甥で、蘇我氏と協力して政治を行った人物は誰か。（北海道・改）

A 5 7世紀初め、家柄によらず有能な人材を採用するために、役人の序列を定めた制度を何というか。（宮城・改）

A 6 仏教や儒教の考え方に基づいた、役人の心がまえ（心得）を示した法を何というか。（兵庫・改）

B 7 小野妹子らを隋に派遣した使節を何というか。（鹿児島・改）

B 8 中国など海外の影響を強く受けている、わが国最初の仏教文化を何というか。（滋賀・改）

A 9 聖徳太子が建てたと伝えられ、金堂や五重塔などが現存する世界最古の木造建築である寺院を何というか。（山梨）

A 10 日本から中国の唐に派遣された公式の使節を何というか。

解答	解説

隋
589年に文帝が南宋を滅ぼして統一した王朝

隋の皇帝煬帝のときに、聖徳太子が小野妹子を派遣しました。隋と高句麗が対立関係にあったことから、煬帝は使いに返書を持たせて日本に送りました。

唐
618年に隋に代わって中国を統一した王朝

日本と唐のかかわりは深いです。平城京は唐の都長安を模倣して作られました。また、日本は遣唐使を派遣するなど、唐の文化を積極的に取り入れました。

蘇我氏
朝廷の財政を支配した豪族

蘇我氏は仏教を崇拝して物部氏と対立しました。蘇我馬子は聖徳太子と協力し、政治を行いました。

聖徳太子
推古天皇の甥で、蘇我馬子と協力して政治を行う(厩戸王、厩戸皇子)

聖徳太子が行った政策として、冠位十二階、憲法十七条をおさえておきましょう。

冠位十二階 短
有能な人材を登用するための制度

冠位十二階は、役人の位を個人の能力によって分け、家柄にかかわらず優秀な人物を登用できるようにする制度です。

憲法十七条 史 短
役人の心得を示したもの(十七条の憲法)

Ⓑ 史料問題でよく出題されるので、以下をおさえておきましょう。
一、和をもって貴しとなす(みんなで争うことなく協力しましょう)
二、三宝(仏教、仏教の教え、僧)を敬え
三、詔(天皇の命令)は必ずつつしめ

遣隋使 短
小野妹子らを隋に派遣した使節

Ⓒ 隋が日本を正式な国家と認めたのは、憲法十七条が制定されて国のしくみが整ったからです。

飛鳥文化
聖徳太子の時代に栄えた、日本で最初の仏教文化

飛鳥文化は、大陸の影響を受けた仏教文化です。国際色豊かな仏教文化は天平文化(89ページ)です。混同しないよう注意しましょう。

法隆寺 図
斑鳩寺といわれる、聖徳太子が建立した寺院

法隆寺に安置されている釈迦三尊像については、資料集などで図を確認しておきましょう。広隆寺に安置されている弥勒菩薩像も重要です。

遣唐使 短
630年から唐に派遣された使節で、律令体制や文化に影響を与えた

Ⓑ 中国(唐)が衰退したため、航海上の危険などによって遣唐使を停止させたことについて問われます。遣唐使の目的は、唐の政治制度や文化を日本に取り入れることです。主な遣使は、犬上御田鍬、阿倍仲麻呂などです。

歴史

頻 A 11 全国の戸籍を作るなど、政治の改革を進めた皇子は誰か。（愛媛・改）

S 12 中大兄皇子とともに政治の改革を進めた人物は誰か。

A 13 中大兄皇子・中臣鎌足によって行われた、新しい政治のしくみを作る改革を何というか。（宮城）

! A 14 百済を復興するため大軍を送った日本が、朝鮮半島で唐と新羅の連合軍に敗れた戦いを何というか。（三重）

! A 15 3年間九州北部で唐や新羅から日本を守る任務についていた人たちは、当時何とよばれていたか。（滋賀）

B 16 壬申の乱に勝って即位した天皇は誰か。（大分・改）

D 17 律令に基づく政治を行う国家を目指す中で鋳造された、わが国最初の銅銭は何か。（秋田・改）

C 18 694年、持統天皇によって遷都された都を何というか。

A 19 外交や防衛などの拠点となった役所を何というか。（山形）

A 20 701年に制定した、唐にならって、行政のきまりや刑罰を定めた法律を何というか。（高知・改）

解答	解説
中大兄皇子 蘇我氏を倒し、天皇中心の政治を目指し、政治の改革を進めた(のちの天智天皇)	中臣鎌足とともに新しい支配のしくみを作る改革(大化の改新)を進めました。中大兄皇子は、のちに即位して**天智天皇**となりました。
中臣鎌足 中大兄皇子とともに政治改革を行った人物	中大兄皇子(天智天皇)とともに大化の改新を行いました。死後に、藤原の姓を賜り、藤原氏の祖となりました。
大化の改新 短 中大兄皇子・中臣鎌足らが行った政治改革	**唐が周辺の国を攻撃するなどして、緊張が高まった東アジアの国際情勢に対応するために**大化の改新を進めました。
白村江の戦い 短 663年に唐・新羅連合軍と戦い敗れた戦い	Ⓒ 白村江の戦いに敗れた日本は、国内政治の整備を進めるようになりました。また、九州北部の防衛を強化するため、防人が置かれました。
防人 史 短 九州北部を防衛した兵役、主に東国から派遣された	Ⓐ 白村江の戦い以後、九州北部の防衛を強化するために、防人のほかに、**水城**が設置されました。代表的な水城として、**大野城**(大宰府北部)をおさえておきましょう。
天武天皇 大海人皇子から天皇に即位する	天武天皇即位のきっかけとなった、**壬申の乱**をおさえておきましょう。これは、大海人皇子と大友皇子による、天皇の地位をめぐる古代最大の内乱です。
富本銭 わが国最初の銅銭	富本銭が発見された場所は飛鳥池遺跡です。708年に鋳造された銅銭、**和同開珎**と混同しないように注意しましょう。
藤原京 地 694年に持統天皇が遷都した都	藤原京の位置を地図で確認しておきましょう。藤原京に遷都されたときの天皇は**持統天皇**です。
大宰府 地 「遠の朝廷」といわれる九州北部の役所	大宰府の位置を地図で確認しておきましょう。また、漢字の違いに注意しましょう。「大宰府」は**役所**、「太宰府」は**地名**を表します。
大宝律令 中国の唐にならって制定された国のきまり	**藤原不比等**らにより編纂されました。大宝律令の制定後、遣唐使の派遣が再開されました。大宝律令の制定により、**律令制度**が整備されました。

歴史

! A 1 710年に遷都された場所を中心に政治が行われた、約80年間を何時代というか。

A 2 大宝律令の制定後、律令国家の新たな都として奈良に作られた都を何というか。（静岡）

! B 3 都から地方へ派遣された役人を何というか。（静岡）

(頻) A 4 戸籍に登録された6歳以上のすべての人々には、性別や身分に応じて何が与えられたか。（福島）

! A 5 戸籍に登録された6歳以上の男女に口分田を与え、死亡したときには国に返させた制度を何というか。（秋田）

! A 6 収穫量の約3%の稲で納める税を何というか。（滋賀）

! B 7 地方の特産物を納める税を何というか。（栃木）

! B 8 労役の代わりに麻の布を納める税を何というか。（山梨・改）

! B 9 人口が増加し口分田が不足したことから、農地を増やすために出された法を何というか。（神奈川）

A 10 墾田永年私財法によって認められた貴族や寺院の私有地を何というか。（青森）

解 答	解 説

奈良時代
710年から794年まで平城京で政治が行われた時代

A 天平文化(89ページ)と関連して出題されることもあります。

平城京 図
710年、元明天皇が藤原京より遷都した都

唐(83ページ)の都である**長安**にならって作られました。碁盤の目のように区画された条坊制が採用されています。東西に市が開かれており、都では貨幣も流通していました。

国司 短
中央から派遣された役人

B 10世紀から地方政治は国司に任されるようになったことで、不正をはたらく国司が増えました。地方の豪族である**郡司**と混同しないように注意しましょう。

口分田
国から6歳以上の男女に与えられた田

班田収授法とセットでおさえておきましょう。口分田は、**戸籍**に基づいて与えられました。戸籍には**性別**、**年齢**などが記載されています。

班田収授法 選 短
口分田を与え、死亡したときには国に返させた制度

B 班田収授は、6年に1度、6歳以上の男女に口分田を分け与える制度です。与えられた口分田は、その人の死後に国に返還されます。

租
収穫量の3%を国司に納める税

A 税の種類(租・調・庸)とその内容をそれぞれおさえておきましょう。税負担が重くなって税負担を逃れるため、戸籍を偽る偽籍が増えました。

調 短 史
地方特産物を都に納める税

B 下記の庸と混同しないよう注意しましょう。平城宮から出土した木簡には、調や庸を都に運ぶときに、納めた品物や人の名前が書かれています。

庸
10日以内の労役か布を都に納める税

A 上記の調と混同しないよう注意しましょう。他に国司のもとでの労役が課される**雑徭**もあります。

墾田永年私財法 短 史
口分田不足を補うために開墾を奨励した法令

B 口分田が不足したために、墾田永年私財法が制定されました。自分で開墾した土地は3代にわたり私有できるとする法である**三世一身法**と混同しないよう注意しましょう。

荘園
貴族や寺社などが開墾した私有地

墾田永年私財法が制定されたことで、荘園が増加しました。有力者や寺社に荘園を寄進することで、政治的な保護を受けました。鎌倉時代の地頭との関係や、太閤検地で荘園制が崩壊したことも出題されます。

B 11 奈良時代に、都を中心に栄え、仏教と唐の影響を強く受けた国際的な文化を何というか。（岐阜）

A 12 国ごとに国分寺と国分尼寺を、都に東大寺を建てた人物は誰か。（岐阜）

S 13 聖武天皇の命令で国分寺の中心的な役割をになう総国分寺として建てられた寺院を何というか。

A 14 聖武天皇の愛用品などが納められた建物を何というか。（佐賀）

S 15 度重なる遭難で失明したにもかかわらず来日し、唐招提寺を開いた僧は誰か。（兵庫）

B 16 奈良時代に作られた神話を題材にした演目がある歴史書を何というか。（島根・改）

A 17 日本の国のおこりや天皇を中心とする朝廷が日本を治める由来などを示すことを目的として、奈良時代に作られた書物を何というか。（広島）

B 18 国ごとの地理や産物などを記した書物を何というか。（愛媛）

頻 A 19 奈良時代末に大伴家持らが天皇・貴族や農民などの和歌を広く集めてまとめられた作品を何というか。（鹿児島）

20 仏教の力により、政治や社会の不安を取り除き、国家を守ることを何というか。（香川・改）

解答 | 解説

天平文化 短
仏教と唐の影響を受けた国際色豊かな文化

C 聖武天皇のころの文化で、仏教と唐の影響を受け国際色が豊かなことが特徴です。歴史書の『古事記』『日本書紀』、和歌集の『万葉集』、建造物の東大寺正倉院・唐招提寺、絵画の東大寺正倉院鳥毛立女屏風をおさえましょう。

聖武天皇 史
仏教で国家を守る政策を行った人物

国分寺建立の詔や大仏造立の詔を出すなど、仏教で国家を守ろうとしました。

東大寺
鎮護国家を行うために都に建立した寺院

大仏の写真をもとにした出題もあります。関連して、鎌倉時代の東大寺南大門、金剛力士像についてもおさえましょう。

正倉院 図
東大寺にある、聖武天皇の遺品が納められている建物

A 聖武天皇の遺品が納められています。正倉院に納められている宝物には五弦琵琶などがあります。正倉院は校倉造という手法で建てられています。

鑑真
唐から来日して、日本に戒律を伝えた人物

唐招提寺を建てました。当時は航海技術が発展しておらず、航海には危険がともないました。それにもかかわらず、鑑真は正しい仏教を日本に伝えるため、日本にわたりました。

古事記
712年に成立した日本最古の歴史書

『古事記』は、神話や伝承などをもとに作られた日本最古の歴史書です。

日本書紀 選
720年に成立した公式の歴史書

上記の『古事記』と混同しないように注意しましょう。『古事記』は712年に太安万侶によって、『日本書紀』は720年に、舎人親王によって編纂されました。

風土記
地理や産物などを記した書物

出雲・常陸など5つの国の風土記が現存しています。そのうち完全に残っているのは出雲のみです。

万葉集
日本最古の和歌集で「令和」を決めた出典

令和の元号を決めたときの出典が『万葉集』です。山上憶良の『貧窮問答歌』も『万葉集』に収められています。天皇から農民まで幅広い階層の人々の歌が収められています。

鎮護国家
仏教の力で、国家を守ること

A 聖武天皇の政治は、鎮護国家の思想に基づいて行われました。東大寺や大仏の建立がその一つです。

平安時代

A **1** 794年に都を京都に移してから約400年間の時代を何というか。

B **2** 794年に都を移し、新しい都で支配のしくみを立て直そうとした人は誰か。（青森・改）

A **3** 794年に桓武天皇が遷都した新たな都を何というか。（岐阜・改）

A **4** 遣唐使とともに唐にわたり、天台宗を伝え、比叡山に延暦寺を建てた人物は誰か。（埼玉・改）

A **5** 遣唐使船で唐にわたって仏教を学び、帰国後、高野山に金剛峯寺を建てて真言宗を広めた人物は誰か。（兵庫）

C **6** 894年に遣唐使の停止を進言した人物は誰か。（愛媛）

A **7** 自分の娘を天皇の后にして、生まれた子が天皇の位につくことで政治の実権を握る政治を何というか。（長崎・改）

S **8** 「この世をば わが世とぞ思う 望月の欠けたることもなしと思えば」とよみ、摂関政治の全盛期に権力を握った人物は誰か。（北海道・改）

A **9** 藤原道長の子で、権勢をふるった人物は誰か。

B **10** 平清盛が中国との貿易を進めたときの中国の王朝を何というか。（三重）

解答	解説

平安時代
794年から約400年間続いた時代

B 平安時代は、平安京の遷都、摂関政治、院政などが行われました。日本風の文化である国風文化もこの時代です。

桓武天皇
平安京の遷都を行い、律令体制の立て直しを行った

桓武天皇の政策として、平安京遷都、東北経営をおさえておきましょう。東北地方の蝦夷を征服するために**坂上田村麻呂を征夷大将軍**に任命しました。

平安京 短
794年に長岡京から遷都

奈良時代に、寺院や僧などが天皇の政治に干渉することがあったので、**仏教勢力から離れるため**、桓武天皇は長岡京に遷都したのちに平安京に遷都しました。

最澄
唐にわたったのち、比叡山延暦寺を開き天台宗を広めた

最澄は、比叡山の延暦寺で**天台宗**を開きました。

空海
唐に渡ったのち、高野山金剛峯(峰)寺を開き真言宗を広めた

空海は、高野山の金剛峯(峰)寺で**真言宗**を開きました。

菅原道真 史
遣唐使の停止を進言し、『菅家文草』をまとめた

遣唐使の停止を進言し、大宰府に左遷された人物です。遣唐使の停止を進言した理由は、中国(唐)が衰退したことと、航海上の危険などがあります。

摂関政治
天皇が幼いときに摂政、成人したら関白として政治を行うこと

B 摂政は、天皇が幼いときや女帝だったときに政治を補佐する地位です。関白は、天皇が成人のときに政治を補佐する地位です。平氏政権も摂関政治と同じ方法で権力を握りました。

藤原道長 史
摂関政治の全盛期の人物

娘を天皇の后にし、天皇の外戚として権力を強めました。
史 この世をばわが世とぞ思う望月の欠けたることもなしと思えば
(この世は自分のものだと思うほどの権力を持っている)

藤原頼通
藤原道長の息子。後一条・後朱雀・後冷泉の3代にわたり摂関政治を行う

藤原道長の息子で、平等院鳳凰堂を建立しました。

宋
唐が滅んだ後に中国を統一した王朝

平清盛が**日宋貿易**を行ったことをおさえておきましょう。この当時の朝鮮では、新羅が滅亡し、**高麗が建国**されました。

歴史

B 11 遣唐使を停止したあと、10〜11世紀にわが国で栄えた文化を何というか。（新潟）

S 12 平安時代に漢字をもとにして生まれた文字を何というか。

B 13 天皇の命令により、紀貫之たちによってまとめられた和歌集を何というか。（三重・改）

A 14 国風文化が栄えた時期に、『源氏物語』を著した人物は誰か。（高知）

A 15 かな文字を用いて、清少納言が書いた随筆を何というか。（静岡）

A 16 阿弥陀如来にすがれば、死後に極楽浄土へ生まれ変わることができるという信仰（教え）を何というか。（静岡）

A 17 平安時代中期、藤原頼通によって建立された、阿弥陀如来坐像を安置する阿弥陀堂を何というか。（東京・改）

S 18 季節の移り変わりなど日本の風物を描いた日本独自の絵画を何というか。（滋賀）

B 19 10世紀に、瀬戸内地方で朝廷の政治に不満をもって反乱を起こした人物は誰か。（香川・改）

B 20 中尊寺金色堂を建立した奥州藤原氏の拠点はどこか。（福井・改）

解 答	解 説
国風文化 短 遣唐使停止後、日本の風土や生活にあった独自の文化	**C** 国風文化の特徴をおさえましょう。**遣唐使が停止された後、日本の風土や生活にあった独自の文化が栄えました。**
かな文字 漢字を変形させて、日本語を書き表せる文字	かな文字の発達により、『源氏物語』、『枕草子』などが生み出されました。
古今和歌集 醍醐天皇の命で編纂された最初の勅撰和歌集	**醍醐天皇**の命令により、**紀貫之**らが編纂しました。紀貫之の『**土佐日記**』もおさえておきましょう。
紫式部 中宮彰子に仕え、『源氏物語』を著した	一条天皇の后で藤原道長の娘である中宮彰子に仕え、『**源氏物語**』を著しました。
枕草子 中宮定子に仕え、『枕草子』を著した	一条天皇の后で藤原道隆の娘である中宮定子に仕えた**清少納言**の作品です。
浄土信仰 短 阿弥陀如来にすがれば、死後に極楽浄土へ生まれ変わることができるという信仰	**B** **末法思想**が広がったため、浄土信仰が隆盛しました。末法思想とは、シャカの死後、2000年経つと末法の世となり、世の中が乱れるという考え方です。
平等院鳳凰堂 短 藤原頼通が建立した寺院	阿弥陀仏を本尊とした阿弥陀堂は、浄土信仰の拡大にともなってさかんに建てられるようになりました。平等院鳳凰堂もその一つです。
大和絵 日本の風物を描いた日本独自の絵画	大和絵は、貴族の邸宅であるにあるふすまや屏風や絵巻物などに描かれました。なお関連知識として、貴族の住宅様式である寝殿造もおさえておきましょう。
藤原純友 伊予国の元国司で、瀬戸内地方で反乱を起こした人物	関東で反乱を起こした**平将門**と混同しないように注意しましょう。
平泉 地 選 奥州藤原氏の拠点で中尊寺金色堂がある	平泉の位置を地図で確認しておきましょう。平泉に建てられた**中尊寺金色堂**もおさえておきましょう。平安時代後期に、平泉を中心に勢力を持っていたのは奥州藤原氏です。

歴史

A 21 11世紀後半に天皇の位を譲って院で政治を行った人物は誰か。（島根・改）

A 22 白河上皇が天皇の位を譲って上皇として行った政治を何というか。（三重・改）

C 23 崇徳上皇と後白河天皇による、朝廷における政治の実権をめぐる対立から起こった戦乱を何というか。（香川・改）

! A 24 武士として初めて、政治の実権を握った人物は誰か。（静岡・改）

A 25 平清盛がついた、朝廷の最高の役職は何か。

B 26 平清盛が中国の宋との貿易に力を入れるために修築した港を何というか。（福島・改）

B 27 平氏を倒して鎌倉で幕府を開き、征夷大将軍に任命された人物は誰か。

B 28 源 頼朝の弟で、平氏滅亡のとき、大将だった人物は誰か。

A 29 源氏との戦いに敗れ、平氏が滅亡した戦いを何というか。（栃木・改）

解答	解説

白河天皇
幼少の堀川天皇に譲位したあと、上皇として院政を開始

院政とセットでおさえておきましょう。また、白河上皇は、朝廷に対して実力で要求を通そうとする**僧兵**の対応に苦慮しました。

院政
天皇が譲位して上皇や法皇となったあとも政治の実権を握り、院庁で政治を行う

1086年に白河上皇が院政を開始しました。

保元の乱
1156年に朝廷、藤原氏、源氏、平氏を巻き込んだ争い

保元の乱で、武士が実力を示し、平氏・源氏が政治の世界に進出するきっかけとなりました。平清盛と源義朝の対立から起こった**平治の乱**と混同しないように注意しましょう。平治の乱で平清盛が勝利し、平氏が政権を握りました。

平清盛 短
平氏の棟梁で、武士で初の太政大臣に任じられた

Ｃ 平氏は、自分の娘を天皇の后にして、娘と天皇との間に生まれた子が天皇の位につくことで政治の実権を握りました。平清盛は、日宋貿易を行いました。

太政大臣
朝廷最高の役職

貴族以外で太政大臣になった例として、平清盛、足利義満、豊臣秀吉などがいます。

大輪田泊 地
兵庫県にある港で、平清盛によって修築された

現在の兵庫県にある神戸港です。**日宋貿易**のために修築されました。

源頼朝
源氏の棟梁で、鎌倉を拠点に幕府を開いた

源頼朝については、鎌倉幕府を開いたこと、**征夷大将軍**に任命されたこと、奥州藤原氏を滅亡させたこと、の3つのポイントをおさえましょう。

源義経
源頼朝の弟で、壇ノ浦の戦いで平氏を滅亡させた

壇ノ浦の戦いで平氏を滅ぼしましたが、その兄頼朝と対立するようになりました。その後、藤原泰衡によって倒されました。

壇ノ浦の戦い 地
源平合戦最後の戦いで、平氏が滅亡した戦い

壇ノ浦は現在の山口県に位置します。地図で確認しておきましょう。

歴史

B 1 国ごとに置かれ、軍事や警察の役割を果たした役職を何というか。
（岐阜・改）

B 2 土地の管理や年貢の取り立てを行い、荘園や公領ごとに置かれた
役職を何というか。（北海道・改）

B 3 将軍が御家人に領地の支配を認めることを何というか。（福岡・改）

B 4 御家人が京都や鎌倉を警備し、合戦に参加することを何というか。
（福岡）

B 5 代々、北条氏が就任した、将軍を補佐する地位を何というか。（愛
媛・改）

A 6 源氏の将軍が途絶えたことをきっかけに、鎌倉幕府を倒すため兵を
あげた人物は誰か。（宮城・改）

B 7 鎌倉幕府の支配が西国に広がるきっかけとなった、後鳥羽上皇が鎌
倉幕府を倒そうと兵をあげたできごとを何というか。（山形）

A 8 承久の乱後に、都の警備や西日本の武士の統率にあたり、朝廷の
監視を行った機関を何というか。（愛媛・改）

B 9 1232年に武士の裁判の基準として定められた法令を何というか。（岐
阜・改）

B 10 1232年に御成敗式目を制定した人物は誰か。（兵庫・改）

解答	解説
守護 空 国ごとに設置された役職	守護や地頭を設置したのは、**源義経を捕えるため**です。
地頭 荘園・公領ごとに置かれた役職	国ごとに設置されたのが守護、土地ごとに設置されたのが地頭です。混同しないように注意しましょう。
御恩 図 選 御家人の領地支配を認めること	**B** 将軍と家臣の間が土地を仲立ちとして御恩と奉公の関係で結ばれたしくみを**封建制度**といいます。
奉公 短 御家人が京都や鎌倉を警備すること	**B** 奉公は**将軍・幕府のために戦いに参加すること**です。
執権 鎌倉幕府の将軍の補佐役	執権の地位には、代々北条氏が就いています。よく出る執権として、北条泰時、北条時宗をおさえましょう。
後鳥羽上皇 源氏の将軍が途絶えたことをきっかけに、鎌倉幕府を倒すため兵を挙げた人物	源実朝が暗殺されたあとに北条義時追討の命令を出し、承久の乱を起こしました。後鳥羽上皇が『新古今和歌集』の編纂を命じたこともおさえましょう。
承久の乱 後鳥羽上皇が北条義時を打倒するために挙兵した事件	**C** 承久の乱のあと、後鳥羽上皇を隠岐に配流し、京都に六波羅探題を設置しました。
六波羅探題 短 朝廷と西国武士を監視するために京都に置かれた機関	**C** 六波羅探題を設置した結果、**東日本の御家人を新たに地頭として置くことになり、西日本に支配が広がりました。**
御成敗式目 史 短 頼朝以来の先例や慣習をもとに制定 （貞永式目）	**C** **武士の慣習をもとに裁判の基準を定め、争いを公正に解決するために**、御成敗式目を制定しました。
北条泰時 3代執権で、御成敗式目を制定した	御成敗式目を制定したときの執権です。

歴史

A 11 1年の間に同じ田畑で米と麦を交互に作ることを何というか。（岐阜）

A 12 毎月決められた日に開かれたような市を何というか。（奈良）

13 跡継ぎ以外の子にも所領の一部を譲る相続の形態を何というか。

B 14 金剛力士像が安置されている、東大寺の建築物を何というか。（島根・改）

S 15 東大寺南大門に安置されている金剛力士像を、弟子の快慶とともに作った人物は誰か。（新潟・改）

C 16 後鳥羽上皇の命令によって藤原定家らが編集した歌集を何というか。（香川・改）

A 17 琵琶法師によって弾き語られた軍記物を何というか。（大阪・改）

A 18 平安時代末期から鎌倉時代初期に浄土宗を開き、念仏を唱えれば極楽浄土に行けると説いた人物は誰か。（高知）

C 19 諸国をまわり、念仏の札を配ったり、踊念仏を取り入れたりすることで、念仏の教えを広め、時宗を開いた人物は誰か。（香川）

B 20 6世紀ころの中国で始まった、座禅によって悟りを開こうとする仏教の宗派を何というか。

解答	解説
二毛作 1年に2回同じ土地で違う作物を作る農業	1年に2回同じ土地で同じ作物を作る二期作と間違いやすいので注意しましょう。室町時代には、米と麦と蕎麦の三毛作が開始されました。
定期市 決められた日に開かれた市	**B** 鎌倉時代は月に3回、三斎市が開催されました。室町時代には六斎市が開催されるようになりました。五日市、廿日市、四日市など、定期市が現在の町の名前になっているものもあります。
分割相続 短 跡継ぎ以外の子に所領の一部を譲る相続	**C** 分割相続により領地が細分化したことで御家人が窮乏したため、単独相続に変わりました。御家人の窮乏を救うために徳政令が出されました。鎌倉時代は女性も相続の対象でした。
東大寺南大門 図 重源によって再興された東大寺の正門	東大寺南大門の金剛力士像もおさえておきましょう。
運慶 鎌倉時代の代表的な仏師	東大寺南大門金剛力士像は、運慶とその弟子の快慶らによる作品です。
新古今和歌集 後鳥羽上皇の命で編纂された勅撰和歌集	後鳥羽上皇の命で、藤原定家らが編纂しました。西行らの和歌も収められています。
平家物語 琵琶法師の弾き語りで歌われた軍記物	琵琶法師とセットでおさえましょう。16世紀(安土桃山時代)になると、活版印刷の技術が伝わり、『平家物語』などの文学作品がローマ字で印刷されました。
法然 浄土宗の開祖	浄土宗とは、念仏を唱えれば極楽浄土に行けるという教えです。弟子の親鸞は浄土真宗(一向宗)を開きました。
一遍 図 選 時宗の開祖	**C** 時宗とは、踊念仏によって極楽浄土に行けるという教えです。一遍上人の生涯を描いた『一遍上人絵伝』から、当時の定期市の様子がわかります。
禅宗 宋で繁栄していた座禅によって悟りを得る宗教	禅宗には2つの宗派があります。栄西が開いた臨済宗と、道元が開いた曹洞宗です。鎌倉幕府は臨済宗を保護しました。

歴史

B 21 都を大都（現在の北京）に移した、モンゴル帝国の皇帝は誰か。（大阪・改）

A 22 フビライ・ハンが建国した国を何というか。（北海道）

頻 B 23 フビライ・ハンは日本に服属を要求したが、幕府はこれを拒否した。このときの幕府の執権は誰か。（宮崎・改）

！ 24 文永の役、弘安の役と元軍が日本に二度襲来したできごとを何というか。

！頻 A 25 1297年に幕府が御家人を救うために出した、御家人の借金などを帳消しにできる法令を何というか。（山梨）

B 26 鎌倉幕府から政治の実権を朝廷に取り戻そうとして幕府を倒す戦いを起こした人物は誰か。（千葉）

B 27 倒幕を目指した後醍醐天皇に味方したが、後に武家政権を復活させようとして兵をあげた人物は誰か。（山梨）

28 鎌倉時代末期に、近畿地方を中心に出現した、幕府に従わないで年貢などを奪う武士たちを何というか。

解答	解説
フビライ・ハン モンゴル帝国の皇帝で、元を建国した	フビライ・ハンはモンゴル帝国の皇帝**チンギス・ハン**の孫です。フビライ・ハンに謁見した**マルコ・ポーロ**もおさえましょう。
元（げん） モンゴル帝国の中国統一時の王朝	フビライ・ハンにより建国されました。都は**大都（だいと）**です。
北条時宗（ほうじょうときむね） 8代執権時宗のとき、元軍が襲来	8代執権北条時宗のとき、フビライ＝ハンが日本を従えようと使者を送ってきました。時宗がこの要求を拒否したことで、元軍が日本に攻めてきました。
元寇（げんこう） 短 文永の役、弘安の役と元軍が日本に二度襲来したできごと（蒙古襲来、モンゴル襲来）	A 『**蒙古襲来絵詞（もうこしゅうらいえことば）**』に描かれた元寇の様子からは、元軍がてつはう（火薬兵器）を使用したり、集団戦法をとったりと、幕府軍が苦戦したことがわかります。元寇後、戦いに参加した御家人に十分な恩賞（おんしょう）が与えられなかったため、御家人の不満が高まりました。
永仁の徳政令（えいにんのとくせいれい） 史 1297年に幕府が御家人を救うために出した、御家人の借金などを帳消しにできる法令	C 永仁の徳政令の内容として、御家人の借金などを帳消しにしたこと、質に入れた土地をただで返還させたことをおさえておきましょう。
後醍醐天皇（ごだいごてんのう） 天皇中心の政治を戻すために倒幕を計画	鎌倉幕府を倒そうとして一度は失敗し、隠岐（おき）に流されました。その後、鎌倉幕府を倒し、**建武の新政（けんむのしんせい）**を始めました。
足利尊氏（あしかがたかうじ） 室町幕府初代将軍	足利尊氏は鎌倉幕府の元御家人で、六波羅探題を攻め落としました。足利尊氏とともに鎌倉幕府を倒すために兵を挙げた**新田義貞（にったよしさだ）**は鎌倉を攻め落としました。足利尊氏は、のちに、征夷大将軍に任命されました。
悪党（あくとう） 近畿地方を中心に出現した、幕府に従わないで武力で年貢をうばうなどとする武士	代表的な悪党は**楠木正成（くすのきまさしげ）**です。楠木正成は、後醍醐天皇とともに、鎌倉幕府を倒しました。

歴史

B	1	鎌倉幕府を滅ぼした後醍醐天皇が中心となって行った政治を何というか。（静岡）
B	2	足利尊氏が京都に新たに天皇を立てたことで、後醍醐天皇が逃れた場所はどこか。（埼玉・改）
A	3	京都の室町を中心に、足利氏の幕府が置かれた時代を何というか。
C	4	長官を足利氏の一族が受け継いで、関東などを支配した機関を何というか。
A	5	南北朝を統一し長年続いた内乱を終わらせた室町幕府の3代将軍は誰か。（栃木・改）
B	6	室町幕府の将軍の補佐役を何というか。
B	7	京都で高利貸しを行っていた業者で、質入れされたものを保管する倉を持っていたものを何というか。
B	8	15世紀初めにわが国と貿易を行った中国の王朝名を何というか。（大阪・改）
B	9	東アジアで海賊行為を行った人たちを何というか。（兵庫・改）
A	10	貿易を行うための船が正式な貿易船であることを証明するための通交証明書を何というか。（大阪・改）

解 答	解 説
建武の新政 空 後醍醐天皇が行った天皇中心の政治	天皇を中心とする**建武の新政**を始めましたが、武士の抵抗により失敗しました。その後、後醍醐天皇と足利尊氏が対立し**南北朝時代**が始まりました。
吉野 地 奈良県にある、南朝の拠点地	後醍醐天皇は吉野に逃れて、自らが正統な天皇であると主張しました(**南朝**)。一方、足利尊氏は京都に新たな天皇を立てました(**北朝**)。吉野の位置は地図で確認しておきましょう。
室町時代 足利氏の幕府が続いていた時期	京都の室町に**花の御所**が置かれました。
鎌倉府 図 空 長官を足利氏の一族が受け継いで、関東などを支配した機関	室町幕府は、中央に政所・侍所・問注所を置き、地方に守護・地頭、鎌倉府を置きました。鎌倉府の長官を鎌倉公方といいます。
足利義満 室町幕府3代将軍	足利義満が行ったことについては、**南北朝の合一**、日明貿易の開始、金閣の建立の3つをおさえておきましょう。
管領 室町幕府の将軍を補佐する役職	管領の職には細川氏・斯波氏・畠山氏が就任しました。将軍の補佐役については、鎌倉時代の執権、江戸時代の老中・大老など、時代を混同しないようにしましょう。
土倉 短 金融業を行っていた質屋	Ⓒ 酒屋や寺院とともに高利貸しを営んでいたことで、正長の土一揆で襲撃されました。
明 14世紀半ばにモンゴル帝国を中国から追い出して建国	足利義満は明との貿易を開始しました。これを**日明貿易(勘合貿易)**といいます。この貿易は朝貢形式(71ページ参照)で行われました。
倭寇 短 地 朝鮮半島などで活動した海賊行為を行った人々	倭寇は東シナ海を中心に活動しました。明が日本に対して倭寇の取り締まりを要求しました。足利義満はこれを受ける代わりに、明との貿易を求め、日明貿易が始まりました。
勘合 短 日本の正式な貿易船に明から与えられた証明書	Ⓐ **正式な貿易船かどうかを確認する目的**で与えられました。ただし、勘合だけで倭寇と区別することは実質的に困難なため、近年の入試では「**倭寇と正式な貿易船を区別する**」ことを問う問題は少なくなっています。

歴史

A 11	15世紀初頭に尚氏によって建国された王朝を何というか。（福井・改）

B 12	東アジアや東南アジアの国々と琉球王国が行った貿易を何というか。 （沖縄・改）

S 13	琉球王国の都である首里に築かれた城を何というか。

S 14	独自の言語や文化を持つ、北海道の先住民族を何というか。（静岡）

A 15	アイヌの人々と交易が行われた場所はどこか。（北海道・改）

D 16	1457年に和人と戦ったアイヌの指導者は誰か。（北海道・改）

C 17	15世紀後半より日明貿易の中心として発展した都市を何というか。

A 18	室町時代、近江国などに設置された陸地の運送業者を何というか。 （静岡・改）

B 19	貴族や寺社の保護のもと、営業の権利を独占した商工業者による同業者の団体を何というか。（栃木・改）

B 20	室町時代の京都で、有力な商工業者によって都市の自治が行われた組織を何というか。（新潟・改）

解 答	解 説
琉球王国 1428年に中山王の尚巴志によって建国	沖縄では、1492年に琉球王国が成立しました。琉球王国は、東アジアの中央に位置するため中継貿易で栄えました。
中継貿易 図 短 資 ある国から輸入した産物を、別の国に輸出する貿易	Ⓑ 琉球王国は、日本や中国、朝鮮半島や東南アジアの国との中継貿易で栄えました。首里城にある**万国津梁の鐘**には、交易時代の琉球王国の様子が記されています。
首里城 地 琉球王国の首都首里に築いた城	首里城の位置を地図で確認しておきましょう。琉球王国の都は首里、港は那覇です。
アイヌ民族 北海道の先住民族	蝦夷地では、アイヌ民族が狩りや漁をして生活していました。また、本州や樺太(サハリン)などとの交易もさかんでした。
十三湊 地 青森県にあるアイヌと交易していた港	位置を地図で確認しておきましょう。
コシャマイン 和人と戦ったアイヌの指導者で武田信広によって討たれた	江戸時代のアイヌの指導者である**シャクシャイン**と混同しないように注意しましょう。
堺 会合衆を中心として自治を行った都市	堺は**会合衆**を結成しました。博多で結成された**年行司**と混同しないように注意しましょう。また、織田信長(113ページ参照)が自治権を奪った都市であることもおさえておきましょう。
馬借 短 室町時代の陸地の運送業者	Ⓑ 馬借は大津を拠点に琵琶湖の水運で運ばれた荷物を運びました。ききんにおそれて物資の輸送量が減り、生活が苦しくなった馬借が土一揆を起こしました。海路の運送業者である**問(丸)**と混同しないようにしましょう。
座 短 営業の権利を独占した同業者組合	座が最初に成立したのは**平安時代後期**です。座は同業者の組合で、税を納める代わりに、販売を独占する権利など、さまざまな特権を得ました。
町衆 京都の有力な商工業者で自治を行った組織	町衆は、応仁の乱によって中断された**祇園祭**を復興しました。なお、祇園祭の山鉾は世界無形遺産にも登録されています。

歴史

A 21 有力な農民が中心となって作られた、村の自治のしくみを何というか。
（宮城・改）

B 22 複数の村が共通の目的のために団結し、武装した農民が、酒屋や土倉を襲い、借金の帳消しなどを求めた動きを何というか。（広島）

B 23 銀閣を建てた将軍は誰か。（神奈川）

B 24 将軍の跡継ぎ問題などをめぐり、守護大名の山名氏と細川氏の対立が深まることにより起こった戦乱を何というか。（高知・改）

25 1485年に山城国の国人（地侍）らが起こした大規模な一揆を何というか。（愛媛・改）

B 26 加賀国（石川県）の一向宗の門徒らが起こした一揆を何というか。

27 実力のあるものが、上の身分のものの地位を奪う風潮を何というか。（鹿児島・改）

B 28 城の周辺に家臣や商人などが集められて作られた町を何というか。（北海道）

B 29 戦国大名が、領国を支配するために作った独自のきまりを何というか。（静岡）

C 30 喧嘩両成敗などを記した分国法を制定し、甲斐国を支配した戦国大名は誰か。

解 答	解 説

惣

有力な農民が中心となって作られた、村の自治のしくみ（惣村）

C 惣村では、有力者が集まって重要な議題について話し合う**寄合**で、村のおきてなどが定められました。

土一揆

武装した農民が借金の帳消しなどを求めた動き

C 土一揆のときには高利貸しを営んでいた土倉や酒屋に加え、寺院も襲撃されました。

足利義政

室町幕府8代将軍

足利義政により銀閣が建立されました。また、応仁の乱のときの将軍です。

応仁の乱 図

将軍の跡継ぎ問題などをめぐって、守護大名の対立が深まることにより起こった戦乱

B 応仁の乱は、8代将軍足利義政の跡継ぎをめぐって、弟の義視と子の義尚が対立し、そこに有力守護大名の細川勝元と山名宗全（持豊）の争いもからみ、約11年間続きました。**応仁の乱の結果、京都から地方に文化が広がっていきました。**

山城の国一揆 短

1485年に山城国（京都府）の国人（地侍）らが起こした大規模な一揆

B 山城国一揆の結果、畠山氏を京都から追放して、8年間、自治を行いました。

加賀の一向一揆

加賀国（石川県）の一向宗の門徒らが起こした一揆

一向宗とは浄土真宗のことです。この一揆で、守護大名富樫政親を倒し、100年間の自治が行われました。

下剋上 短

実力のある者が、上の身分の者を倒す風潮

B 下剋上の風潮が拡大し、身分や家柄にかかわらず、実力ですべてが決まる時代になり、守護大名に代わり戦国大名が台頭しました。

城下町 短

城の周辺に家臣や商人などを集めた町

A 大名の城を守るために、**城の周囲に堀をめぐらせる**などの工夫がされています。

分国法 短

戦国大名が、領国を支配するために作った独自のきまり（家法）

C 下剋上を防ぐために、分国法が制定されました。代表的な分国法は、「甲州法度之次第」（武田氏）、「朝倉孝景条々」（朝倉氏）などがあります。

武田信玄 史

甲斐国の大名

甲斐国の武田信玄が制定した分国法には、「喧嘩両成敗」が定められています。また、治水工事を行い、信玄堤を作りました。

A 31 14世紀末から15世紀初頭の足利義満のころに栄えた文化を何というか。

! S 32 足利義満が北山の別荘に建てた建築物を何というか。（青森・改）

A 33 室町時代に大成され、現在まで続いている歌や舞などからなる劇を何というか。（佐賀）

C 34 和歌の上の句と下の句を、別の人が次々によみつないでいく文芸を何というか。（兵庫）

35 8代将軍足利義政のころに栄えた文化を何というか。

A 36 将軍足利義政により京都の東山に建てられた建物を何というか。（千葉）

A 37 足利義政が建てた銀閣と同じ敷地にある東求堂同仁斎にみられるような室内の特徴をもつ建築様式を何というか。（奈良）

B 38 禅僧が中国からもたらした、墨一色で自然を描く画風を何というか。

B 39 京都で禅の修行をしながら水墨画を学び、明にわたり、帰国後、「秋冬山水図」など、大胆な画風による作品を生み出した人物は誰か。（鳥取）

解答	解説
北山文化 京都の北山を中心とした文化	3代将軍足利義満の時代の、武家の文化と公家の文化が融合した新しい文化です。
金閣 図 足利義満が北山の別荘に建てた建築物(鹿苑寺金閣)	**B** 金閣は、義満が北山にある別荘に建てられました。資料集などで写真を確認しておきましょう。
能(能楽) 歌や舞などからなる劇。合間には狂言が演じられる	**観阿弥・世阿弥**親子が足利義満の保護を受けて大成しました。能の合間に演じられるものを**狂言**といいます。
連歌 上の句と下の句を別の人が次々にみつなぐ文芸	連歌を大成した人物は宗祇です。
東山文化 選 京都の東山を中心とした文化	8代将軍足利義政の時代の文化です。北山文化に属するもの、東山文化に属するものを区別できるようにしておきましょう。
銀閣 図 足利義政が東山の別邸に建てた建物(慈照寺銀閣)	銀閣は、義政が東山にある別邸に建てられました。
書院造 図 禅宗の寺院の様式を取り入れ、床の間やふすまなどの特徴をもつ建築様式	書院造の代表的建築物は、銀閣にある**東求堂同仁斎**です。書院造は、現在の和風建築のもととなった造りです。
水墨画 図 選 禅僧が中国からもたらした、墨一色で自然が描かれる画風	水墨画を大成した人物は雪舟です。
雪舟 図 明で水墨画を学び日本の風景を描いた禅僧	雪舟の代表作として、「秋冬山水図」をおさえておきましょう。

歴史

! B 1 ローマ教皇を頂点とした、キリスト教最大の宗派を何というか。

A 2 ローマ教皇の呼びかけにより、聖地エルサレムをイスラム教の勢力から取り戻すために組織された軍隊を何というか。（青森）

! B 3 聖書の教えに立ち返り、キリスト教を改革しようとする運動を何というか。

A 4 ローマ教皇が免罪符（贖宥状）を売り出したことを批判したドイツ人は誰か。（兵庫・改）

! A 5 カトリック教会の宗教改革が進められた際、中心となった会を何というか。（福島・改）

! A 6 ヨーロッパの人々による新航路の開拓を何時代というか。（栃木）

A 7 15世紀末に喜望峰を経由し、インドに到達した人物は誰か。（岐阜・改）

A 8 1492年、スペインの援助を受け、インドなどのアジアを目指して大西洋を横断し、西インド諸島に到達した人物は誰か。（栃木）

A 9 アンデス山脈付近にあるマチュピチュを作った、先住民の国を何というか。（三重・改）

解答　　　　　　　　　　　　解説

カトリック教会 地
ローマ教皇を首長とするキリスト教の一種

C ①ローマ教皇が資金獲得のために**免罪符（贖宥状）**の販売を始めたことが批判されて宗教改革が起きたこと、②その後カトリック内部でもイエズス会を中心に改革を始めたこと、の2点をおさえましょう。

十字軍
聖地エルサレムを奪還するために組織された軍隊

エルサレムの奪還に失敗したため、ローマ教皇の権威が失墜し、その後免罪符を発効した、という流れをおさえましょう。

宗教改革 短
カトリック教会の腐敗を正そうとする動き

A カトリック教会の「免罪符の購入で罪が許される」という主張への批判が、宗教改革を引き起こしました。これにより、新しい宗派**プロテスタント**が生まれ、カトリック内部でも改革が進められました。

ルター
ドイツで宗教改革を行った人物

ドイツはルターが、スイスでは**カルバン**が宗教改革を始めました。信仰の中心は、自ら聖書を読み、理解することにあると主張しました。

イエズス会 短
カトリックがプロテスタントに対抗するために結成した会

C カトリック国であるポルトガルやスペインが海外布教を支援したのは、**カトリックを守る（プロテスタントに対抗する）**ためと、**アジアに信者を増やそう**としたためです。

大航海時代 短
ヨーロッパの人々による新航路の開拓を行った時代

D ヨーロッパ人が新航路を開拓しようとしたのは、**イスラム（ムスリム）商人が仲介**していたことで、**価格が高かったアジアの特産物である香辛料を直接手に入れる**ためです。

バスコ＝ダ＝ガマ
15世紀末に喜望峰を経由し、インドに到達した人物

バスコ＝ダ＝ガマは、アフリカ最南端の喜望峰に到達し、1498年にはインドのカリカットに到達しました。これにより、ヨーロッパとインドが海路でつながりました。

コロンブス 地 短
1492年、スペインの援助を受け、アジアを目指して、大西洋を横断し、西インド諸島に到達した人物

コロンブスは、スペインを出発して西に向かい、到達したカリブ海の島をインドだと考えました。それ以降、スペイン人がアメリカ大陸にわたり、インカ帝国やアステカ文明を滅ぼして植民地支配をしました。現在、南アメリカの多くの国の公用語がスペイン語なのはこのためです。

インカ帝国 図
15世紀に成立したアンデス高地にあった帝国

インカ帝国の都市遺跡、マチュピチュを位置とともにおさえましょう。

歴史

B **1** 16世紀中ごろにポルトガル人が漂着した、鹿児島の島を何というか。
（大阪・改）

A **2** ポルトガル人が伝えたとされる、火薬の力で弾丸を発射する兵器を何というか。

S **3** 1549年、布教のために日本に来たイエズス会の宣教師は誰か。（埼玉・改）

B **4** 16世紀後半、キリスト教の信者となった大名を何というか。

! A **5** 16世紀から17世紀にかけて来日したポルトガル人やスペイン人と、日本人との間で行われた貿易を何というか。（静岡）

S **6** 足利義昭を京都から追放し、室町幕府を滅亡させた人物は誰か。（愛媛）

A **7** 織田信長が鉄砲を使用して戦いを有利に進め、武田氏の騎馬隊を破った戦いを何というか。（兵庫・改）

! 頻 A **8** 織田信長が安土城の城下町で座を廃止し、税を免除した政策を何というか。（佐賀）

A **9** 本能寺の変の後、織田信長のあとを継いで全国統一を実現した人物は誰か。

S **10** 豊臣秀吉が石山本願寺の跡地に築いた城を何というか。

解答	解説
種子島 16世紀中ごろにポルトガル人が漂着した、鹿児島県の島	種子島の位置を地図で確認しておきましょう。鉄砲の生産地である堺も覚えましょう。
鉄砲 ポルトガル人が漂流した際に伝えられた武器	鉄砲の伝来は築城方法に影響を与え、城壁に円形の狭間が設けられるようになりました。長篠の戦いで鉄砲が使用されたこともおさえましょう。
フランシスコ・ザビエル イエズス会を創始し、日本にキリスト教を伝えた人物	ザビエルが到来した鹿児島の位置を、地図で確認しておきましょう。
キリシタン大名 16世紀後半、キリスト教の信者となった大名	有馬氏、大友氏、大村氏などのキリシタン大名は、ヴァリニャーニのすすめでローマ教皇のもと少年使節を派遣しました。この使節を**天正遣欧使節**といいます。
南蛮貿易 ポルトガル人やスペイン人との貿易	**C** 南蛮人とは、ポルトガル人やスペイン人のことです。南蛮貿易で日本は、鉄砲・火薬・中国産の生糸などを輸入し、銀・金・刀剣などを輸出しました。
織田信長 尾張国の大名で天下統一を目指した	**桶狭間の戦い**で今川義元を破り、1573年には足利義昭を京都から追放して室町幕府を滅ぼし、**安土城**を築きました。全国統一の目前、明智光秀に背かれて自害しました（**本能寺の変**）。
長篠の戦い 短 1575年に織田・徳川連合軍が武田氏を破った戦い	長篠の戦いでは、織田・徳川連合軍の鉄砲隊が、武田氏の騎馬隊に圧勝しました。
楽市・楽座 短 座の特権を廃止して、税を免除した政策	**B** 織田信長は、楽市・楽座で座を廃止することで、自由に商売できるようにしました。また、**関所の廃止**で商人が自由に移動できるようになり、経済も発展しました。
豊臣秀吉 織田信長に仕え、後に天下統一を達成。大阪城を築いた	豊臣秀吉は、ものさしやますを統一し、太閤検地を行いました。さらに、刀狩により、武士と農民の身分を区別しました（**兵農分離**）。明の征服を目指し朝鮮へ進出しましたが、失敗に終わりました。
大阪城 豊臣秀吉が石山本願寺のあとに築いた城	織田信長や豊臣秀吉の時代の文化が**桃山文化**です。大阪城は、姫路城、安土城とともに、城の中心部にある高層の楼閣である天守閣が有名です。

11 豊臣秀吉が、宣教師を国外へ追放し、強制的なキリスト教への改宗を禁じた法令を何というか。

12 田畑の面積や土地のよしあしを調べ、予想される収穫量をはかる政策を何というか。

A 13 農民が年貢を納めたり、武士が軍役を果たしたりする際の基準になる、土地ごとの予想収穫量を何というか。（山形・改）

S 14 豊臣秀吉による、農民などから武器を取り上げた政策を何か。（静岡）

A 15 太閤検地や刀狩の結果、武士と農民の身分が区別された政策を何というか。（佐賀・改）

A 16 豊臣秀吉が政治を行ったころに栄えた、豪華で壮大な文化を何というか。（愛媛・改）

A 17 安土城や大阪城などの内部に描かれている障壁画のうち、「唐獅子図屏風」の作者は誰か。（岡山・改）

A 18 堺の商人で、わび茶を完成させた人物は誰か。（大分）

B 19 出雲大社の巫女として諸国をめぐった出雲の阿国が始めたものは何か。（栃木・改）

20 播磨国に築かれ、白鷺城とよばれた天守閣のある城を何というか。

解答	解説
バテレン追放令 短 キリスト教宣教師を国外追放した法令	**C** ポルトガル人との貿易が禁止されなかったので、キリスト教の禁止を徹底できず、バテレン追放令を貫けませんでした
太閤検地 短 田畑の面積や土地のよしあしを調べて収穫量をはかる政策	**C** 豊臣秀吉が行った全国的な検地を太閤検地といいます。地域でばらばらだった検地の方法や計量の基準を全国的に統一しました。「閤」の漢字を間違えないように注意しましょう。
石高 土地の収穫量で、武士が軍役を果たす基準	石高を計るために、ものさしやますも統一しました。田畑のよしあし、面積、石高などが**検地帳**に記されました。農民は石高に応じて年貢を納め、武士は石高に応じて軍役を果たしました。
刀狩 農民などから武器を取り上げる政策	**A** 刀狩によって一揆を防止し、年貢を確実に納めさせようとしました。
兵農分離 短 武士と農民の身分を区別する政策	**B** また、農民と武士の区別が明確になりました。これを**兵農分離**といいます。
桃山文化 短 選 豪華で壮大な文化	織田信長や豊臣秀吉の時代の文化です。新たに勢力を拡大した大名や南蛮貿易で栄えた商人たちの気風を反映して、豪華で壮大な文化が栄えました。
狩野永徳 図 安土桃山時代の画家で、「唐獅子図屏風」などが代表作	織田信長や豊臣秀吉に仕え、安土城や大阪城などのふすま絵をかきました。代表作に「唐獅子図屏風」などがあります。
千利休（千宗易） 安土桃山時代の茶人で、わび茶を大成した人物	堺(大阪)の豪商の家に生まれ、**わび茶**を大成しました。
かぶき踊り 歌舞伎の始まりとされる踊り	かぶき踊りは**出雲の阿国**という女性が始めたといわれています。
姫路城 播磨国に築かれ、白鷺城とよばれた天守閣をもつ城	姫路城は、5層7重の大天守閣を中心に3つの小天守がつらなっており、天守閣は国宝に指定されています。また1993年には日本で初の世界文化遺産となりました。

歴史

S 1 関ヶ原の戦いで勝利し、江戸幕府を開いた人物は誰か。（宮崎・改）

! 2 豊臣氏が滅んで幕府の権力が固まり、徳川氏の全国支配が確立した戦いを何というか。

D 3 大名が、江戸幕府から与えられた領地とその領地を支配するしくみを何というか。（静岡）

C 4 若松の松平氏や、尾張・紀伊・水戸の「御三家」など、徳川一門の大名を何というか。（福島）

A 5 関ヶ原の戦い以前の古くから徳川氏に仕えた家臣を何というか。（千葉）

! B 6 関ヶ原の戦い以降に徳川氏に従った大名を何というか。（島根）

! B 頻 7 江戸幕府が大名を統制するため、大名が許可なく城を修理したり、大名同士が無断で縁組をしたりすることなどを禁止した法律を何というか。（岐阜）

! A 頻 8 大名が1年おきに自分の領地を離れて江戸に滞在することを義務づけた制度を何というか。（鹿児島）

B 9 参勤交代を制度化したときの第3代将軍は誰か。（埼玉・改）

B 10 朝廷の動きを制限するために定められた法律を何というか。（愛媛）

解答	解説
徳川家康 江戸幕府初代将軍	1600年の**関ヶ原の戦い**に勝って全国支配の実権を握り、1603年に征夷大将軍に任命されて江戸幕府を開きました。家康の遺がいは、栃木県の**日光東照宮**にまつられています。
大阪の陣 大阪の陣で豊臣氏が**滅亡**（大阪の役）	🅑 大阪の陣の結果、豊臣氏が滅亡し、幕府の権力が高まり、徳川氏の全国支配が確立しました。
藩 大名が支配する領域	江戸時代に、幕府と藩が領地を支配したしくみを**幕藩体制**といいます。
親藩 徳川一門の大名	尾張・紀伊・水戸の御三家など、将軍家の親戚にあたります。
譜代大名 関ヶ原の戦い以前の古くから徳川氏に仕えた家臣	**老中**などの重要な役職には譜代大名のみが就任しました。下記の外様大名とは、徳川氏の家臣となった時期が違います。
外様大名 短 関ヶ原の戦い後に徳川氏に仕えた家臣	🅐 外様大名は**江戸から遠い地に配置され、幕府から警戒される存在**でした。
武家諸法度 史 大名を取り締まるための法律	🅒 武家諸法度には、**新しく城を築くことの禁止、自由な結婚の禁止**などが定められています。これに違反した者は厳しく処罰されました。
参勤交代 短 大名が1年おきに江戸と領土を往来したことを義務づけた政策	🅑 参勤交代で**江戸での生活費や領地との往復費用を負担することになった大名は、経済力が弱まりました**。これは、**参勤交代を定めた影響・結果であり、目的ではありません**。参勤交代は武家諸法度内の一部で、法令ではないので注意しましょう。
徳川家光 江戸幕府3代将軍	徳川家光は、参勤交代の制度化、鎖国の実施などにより、幕藩体制を整えました。
禁中並公家諸法度 朝廷や公家を取り締まる法律	禁中並公家諸法度は、天皇や公家など朝廷を統制するための法令です。朝廷を監視する役所には**京都所司代**があります。

C	11	江戸幕府が、朝廷に対して、朝廷の監視を行うために置いた機関を何というか。
	12	大名は、参勤交代をはじめ、石高に応じて幕府から軍事的な負担や工事を課せられた。このことを何というか。
	13	農民を互いに監視させて犯罪を防止したり、年貢の納入に連帯して責任を取らせるしくみを何というか。
B	14	大名や商人の海外への渡航を許可し、主に東南アジア諸国と貿易を行うことを奨励した貿易を何というか。（栃木）
B	15	朱印船貿易を行っていたときに、東南アジア各地にあった町を何というか。（青森・改）
B	16	キリシタンへの厳しい弾圧と、重い年貢の取り立てに抵抗した人々が、4か月にわたり幕府や藩の大軍と戦った一揆を何というか。（新潟）
	17	キリスト教徒を発見するために、キリスト像や聖母マリア像を踏ませたことを何というか。（佐賀・改）
	18	領民の信仰する宗教がキリスト教ではないと証明するために行ったことを何というか。（香川・改）
A	19	鎖国中、オランダとの貿易は、平戸から長崎港内の埋め立て地であるどこで行われたか。（大阪・改）
B	20	オランダ人を長崎の出島に移して貿易を許し、海外の事情を記した記録を幕府に提出したものを何というか。（三重・改）

解答	解説
京都所司代 江戸幕府が朝廷の監視を行うための機関	鎌倉幕府が設置した朝廷監視機関は六波羅探題、江戸幕府が設置した朝廷監視機関は京都所司代です。混同しないよう注意しましょう。
お手伝普請 石高に応じて幕府から軍事的負担や工事を課されるきまり	**C** 藩に治水工事を命じたのは、治水工事の費用を藩に負わせることで、藩の経済力を弱めて幕府に対抗する力をもたせないためです。
五人組 短 犯罪防止や年貢納入に連帯して責任を負わせる制度	村の農民を5人1組にして、年貢の納入や犯罪の防止などに対して連帯責任を負わせました。
朱印船貿易 朱印状をもって東南アジア諸国と行った貿易	**C** 幕府が発行した渡航許可状を朱印状といいます。朱印状を持った船は東南アジアで貿易を行いました。
日本町 短 朱印船貿易により日本人が移住してできた、東南アジア各地の町	**C** 琉球王国の貿易が振るわなくなった理由と関連して問われます。中継貿易が衰退したことで薩摩藩が琉球王国を支配し、その結果、清との二重支配を受けるようになりました。
島原・天草一揆 短 天草四郎を中心とした抵抗一揆	**C** 島原・天草一揆の目的は、キリシタンへの厳しい弾圧と、重い年貢の取り立てに抵抗することです。
絵踏 短 キリスト教徒を発見するために、キリスト像や聖母マリア像などを踏ませたこと	**S** 絵踏は、キリスト教信者を発見するために行われました。踏絵とは、聖母マリア像などが描かれている銅板のことです。
宗門改 短 信仰する宗教がキリスト教でないことを証明する政策	**B** 宗門改は、キリスト教の信者を発見するための調査です。必ずどこかの寺の檀家とさせることで、寺がキリスト教の信者でないことを証明させる寺請け制度が実施されました。
出島 図 オランダ人との交易を行う人工島	**A** 鎖国により、幕府と貿易ができたのはオランダと中国（清）のみとなり、オランダの商館が出島に移されました
オランダ風説書 短 オランダ商館長が幕府に提出した海外記録	**B** オランダ風説書を提出させたのは、**海外の情報を手に入れる**ためです。

B **21**	1644年に、明を滅ぼして建国した中国の王朝を何というか。

C **22**	朝鮮から将軍の代替わりの際などに来日した使節を何というか。（兵庫・改）

S **23**	江戸時代に使われた脱穀用の農具を何というか。（新潟・改）

24	イワシやにしんを日干しにして作った肥料を何というか。

S **25**	大阪は商業の中心地として、諸大名の蔵屋敷が建てられ、全国各地の年貢米や特産物などが集まったことから何とよばれたか。（島根）

A **26**	江戸時代に、商人が営業を独占して大きな利益を上げた、同業者ごとの組織を何というか。（北海道・改）

27	金貨・銀貨・銭貨の両替や金銭の貸付、預金の受け入れなどを行う金融業者を何というか。

C **28**	江戸幕府により整備された五街道の一つで、現在の滋賀県から関ヶ原を通っていた街道を何というか。（滋賀）

D **29**	中山道を利用して手紙などを運んでいた職業を何というか。（広島）

D **30**	西廻り航路を行き来し、日本海沿岸の港と大阪を結んで物品を運んだ船を何というか。（山形）

解答	解説
清 17世紀初めに成立した女真族の王朝	明治時代の日清戦争との関係、辛亥革命との関係、琉球王国との関係などでも問われることがあります。
朝鮮通信使 短 朝鮮から将軍の代替わりに派遣された使節	**C** 朝鮮通信使は将軍の代替わりごとに派遣されました。朝鮮との交易について幕府と仲介役を果たしたのは**対馬藩**です。
千歯こき 図 脱穀用の農具	**江戸時代に開発された農具をおさえましょう。千歯こきのほか、**深耕用の**備中ぐわ**、籾とごみを分別する**唐箕**などがあります。
干鰯 金肥の一つで、イワシを原料とした肥料	**B** イワシや油粕などの**金肥**は肥料として使用されました。干鰯のもととなったイワシがとれたのは**九十九里浜**です。
天下の台所 短 商業の町である大阪のこと	**C** 大阪は年貢米や特産物などが取引されていたため、天下の台所とよばれました。諸藩が年貢米などを保管する倉庫を**蔵屋敷**といい、大阪など、とくに商業のさかんな町に設けられました。
株仲間 短 営業を独占して大きな利益をあげた同業者組織	**C** 田沼意次が株仲間を奨励したのは、**株仲間に特権を与える代わりに営業税を取るため**です。これに対し、水野忠邦が株仲間を解散したのは、**物価の上昇を抑えるため**です。
両替商 空 両替や金銭の貸付、預金の受け入れなどを行う金融業者	**D** 当初は**金貨**などの両替も行いました。
中山道 地 五街道の一つ	東海道、中山道、甲州街道、奥州街道、日光街道の5つを五街道といいます。街道付近には**宿場**などが発達しました。
飛脚 手紙などを運んでいた職業	五街道や主要な都市に設置されました。飛脚に代わって、明治時代には郵便制度が整備されました。
北前船 西廻り航路で使われた船	**日本海から下関、瀬戸内海を通って大阪にいたる西廻り航路を就航した船が北前船**で、酒田を拠点としました。東北地方の日本海岸から津軽海峡を通って太平洋に出て、江戸にいたる航路は**東廻り航路**です。

歴史

! **1** 1657年に江戸城の天守を含めた多くの部分が焼失した大火災を何というか。

C **2** 儒学の中でも、身分秩序を大事にする学問を重視する政治への転換を行った徳川5代将軍は誰か。(鹿児島・改)

A **3** 徳川綱吉が武士に奨励した、儒学のなかでもとくに身分秩序を重んじる学問を何というか。(宮城・改)

A **4** 犬や鳥、牛馬など動物の保護を命じた命令を何というか。

! B **5** 大阪や京都を中心とする上方で発展した、経済力を持った町人を担い手とする文化を何というか。(岐阜・改)

B **6** 大阪の町人で、武士や町人の生活をもとにした浮世草子とよばれる小説を書いたのは誰か。(三重)

A **7** 「夏草や兵どもが夢の跡」の俳句をよんだ作者は誰か。(福井)

B **8** 歌舞伎や浄瑠璃の脚本家で、『曽根崎心中』などが代表作である人物は誰か。

B **9** 「見返り美人図」を描いた人物は誰か。(香川)

A **10** 町人の様子や日常生活を題材として描いた一色刷りの絵を何というか。(秋田・改)

解答	解説
明暦の大火 空 1657年に起きた江戸城天守閣を含めた大火事	**C** 江戸城では大火がたびたび発生し、防火対策がなされました。
徳川綱吉 史 江戸幕府5代将軍、犬公方といわれ、生類憐みの令を制定した	徳川綱吉の時代、朱子学が広く学ばれるようになりました。将軍に就任した後に改定された武家諸法度には、「**文武忠孝に励み**」とあり、礼儀や秩序が重んじられました。
朱子学 南宋の朱熹が大成した儒学	寛政異学の禁では、幕府の聖堂学問所(のちの昌平坂学問所)で、朱子学以外の教授を禁止しました。理論を重んじる朱子学に対して、実践を重んじる陽明学も広がりました。
生類憐みの令 史 徳川綱吉が発令した極端な動物愛護令	綱吉は犬をとくに愛護し、殺した者は重い刑に処されました。綱吉は「犬公方」とよばれ、批判されました。その一方で、生命や自然を尊重する道徳の定着をもたらす意義がありました。
元禄文化 短 江戸時代前半に栄えた、上方(大阪・京都)を中心とした町人文化	**C** 元禄文化は、担い手となった上方の商人たちの自由な気風を反映し、活気に満ちていることが特徴です。化政文化(127ページ参照)との違いをおさえましょう。
井原西鶴 浮世草子を大成し、『好色一代男』などを著した	**浮世草子**の小説の代表作として、『**好色一代男**』『**日本永代蔵**』などが挙げられます。
松尾芭蕉 俳諧を大成し、『奥の細道』などを著した	松尾芭蕉が著した俳諧紀行文が『**奥の細道**』です。
近松門左衛門 人形浄瑠璃や歌舞伎の脚本をまとめた	**人形浄瑠璃は、人形を使った日本独自の演劇です。**近松門左衛門の代表作として、『**曽根崎心中**』『**国性爺合戦**』などが挙げられます。
菱川師宣 浮世絵の作者で、「見返り美人図」を描いた	菱川師宣は新しい絵画様式である**浮世絵**を始めました。代表作として、「**見返り美人図**」を資料などで確認しておきましょう。
浮世絵 自筆の肉筆画や一色刷りの絵	18世紀半ばになると、鈴木春信によって多色刷りの**錦絵**が発明されました。

A 11 享保の改革を行った江戸幕府の8代将軍は誰か。（静岡）

A 12 一万石以上の大名から米を幕府に上納するように命じた政策を何というか。（福井・改）

B 13 徳川吉宗が大岡忠相らに編纂させた裁判基準を何というか。

B 14 庶民の意見を聞くために、評定所の門前に設けた投書箱を何というか。

! C 15 19世紀に確立した、作業場に道具や農村から来た働き手を集め、製品を分業で大量に仕上げる生産のしくみを何というか。（滋賀・改）

! 16 一揆の中心者がわからないようにするために円形に名前を記したものを何というか。（鹿児島・改）

! A 17 幕府の財政を立て直すために、商工業者が株仲間を作ることを奨励した老中は誰か。（青森）
頻

! B 18 浅間山の噴火や長雨、冷害などの影響で起きた災害を何というか。（山梨・改）

B 19 寛政の改革を始めた老中は誰か。（島根）

! 20 松平定信が凶作やききんに備えて村ごとに米を蓄えさせた政策を何というか。（佐賀・改）

解　答	解　説

徳川吉宗
江戸幕府8代将軍

徳川吉宗が行った改革を享保の改革といいます。上米の制、公事方御定書、目安箱の設置など、主な改革内容をおさえておきましょう。

上米の制 史 短
1万石ごとに100石の米を幕府に上納する政策

上米の制は、年貢米を上納する代わりに、参勤交代の江戸滞在を半年にゆるめるという政策です。

公事方御定書
裁判の基準を示す法律

以下のように、それぞれの罪に対する刑罰の基準を定めたのが、公事方御定書です。
一、人を殺しぬすんだ者→引き回しの上、獄門
一、追いはぎをした者→獄門

目安箱
庶民の意見を聞くために設置された

目安箱の投書により、小石川養生所が設置されました。

歴史

マニュファクチュア 短
分業で大量に仕上げる生産のしくみ（工場制手工業）

Ｂ 資本主義発達の初期段階で、問屋制家内工業に続いてあらわれたしくみです。問屋制家内工業とは、問屋から原料や道具などを借りて家内で商品づくりを行うしくみです。

からかさ連判状 短
円形に名前を記し、誰が首謀者かわからないようにした書状

Ｂ 円形に名前を記し、百姓一揆などの首謀者を特定されないようにしました。年貢の負担が重いことなどに反抗した百姓一揆と都市の人々による打ちこわしとの混同に注意しましょう。

田沼意次
徳川10代将軍のときの老中で、財政の立て直しを図った

Ｃ 長崎貿易を奨励し、幕府の財政を立て直そうとしました。しかし、わいろ政治で失脚しました。また、田沼意次は、金を中心とした貨幣経済に一本化しようとしました。

天明のききん 短
東北地方の被害が大きく、冷害などの影響を受けた

Ｃ 天明のききんによって社会不安が高まり、財政が悪化しました。これに対し、松平定信は、寛政の改革で年貢収納高を増やすための農村復興策を実施しました。

松平定信 史
寛政の改革を行った老中

寛政の改革の時期に詠まれた歌が出題されることがあります。
史 白河の清きに魚もすみかねて　もとの濁りの田沼恋しき
→（松平定信）の改革が厳しく、田沼の時代の方がよかったな。

囲米 短
ききんに備えて米を蓄えさせた政策

Ｂ 米を貯蔵するために、各地に倉を設置しました。用語説明問題で問われるので、左記の意味を覚えましょう。

B 21 1792年、わが国の漂流民を送り届けるとともに江戸幕府に通商を求めて根室に来航したロシアの使節は誰か。（大阪）

D 22 幕府の命令で樺太を調査し、島だと確認したのは誰か。（和歌山）

B 23 日本古来の精神について研究する学問を何というか。

A 24 日本古来の伝統を評価する『古事記伝』を書き、国学を大成した人物は誰か。（宮崎）

25 国学の発達により高まった、天皇を尊び、外国人を排斥する運動を何というか。

A 26 キリスト教に関係しない、漢訳されたヨーロッパの書物の輸入が認められたことで発達した学問を何というか。（岐阜・改）

S 27 蘭学の基礎を築いた、杉田玄白らが翻訳した人体解剖書を何というか。（岐阜・改）

A 28 ヨーロッパの知識や技術を用いて全国の海岸線を測量し、正確な日本地図を作成したのは誰か。（兵庫）

B 29 19世紀の初めに、江戸中心の町人文化が栄えたころの文化を何というか。（兵庫）

B 30 江戸を中心とした町人文化が発展した時期に、『東海道中膝栗毛』を著した人物は誰か。（東京）

解答　　　　　　　　　　　　　　解説

ラクスマン 地
ロシアのエカチェリーナ2世の命で通商をするために根室に来航

A ラクスマンが来航した場所を地図で確認しておきましょう。ロシアに漂流していた**大黒屋光太夫**らを連れて、根室に来航しました。

間宮林蔵 短
幕府の命で樺太の探索を行った

C 間宮林蔵は**樺太が離島であることを発見**しました。択捉島にわたり、日本の領土だと示した**近藤重蔵**との混同に注意です。

国学
仏教や儒学が伝わる以前の日本人のものの考え方を明らかにする学問

国学とは、仏教や儒教が伝わる以前の日本人の考え方を明らかにする学問です。本居宣長が大成しました。

本居宣長
『古事記伝』を著し、国学を大成した

国学を大成し、『**古事記伝**』を著しました。門下の**平田篤胤**が尊王論を大成しました。

尊王攘夷運動
尊王論と攘夷論が結びつき、幕府の政策を批判する運動

D 平田篤胤の尊王論によって**尊王攘夷運動**の動きも出ました。幕末に長州藩が攘夷の不可能を悟り、薩摩藩とともに幕府を倒す運動に転換しました。

蘭学 短
オランダ語でヨーロッパの学問や文化を学ぶこと

B 徳川吉宗がキリスト教に関係ないヨーロッパの書物（**漢訳洋書**）の輸入を緩めたことにより、蘭学が発展しました。

解体新書 図
杉田玄白によって著された医学書

杉田玄白・前野良沢らが、オランダの医学書『**ターヘル・アナトミア**』を**翻訳**しました。

伊能忠敬 図
幕府の命で日本の測量を行い、日本地図を完成させた

伊能忠敬が作成した地図を、海外に持ち出して入国禁止を受けたのはシーボルトです。この事件をシーボルト事件といいます。

化政文化 図
江戸を中心とした町人文化

元禄文化は、江戸時代前半に栄えた文化で、上方の**豪商**や武士などが文化の担い手となりました。一方化政文化は、江戸時代後期に栄えた文化で、江戸を中心に庶民も文化の担い手となりました。

十返舎一九
『東海道中膝栗毛』を著した

十返舎一九が著した『**東海道中膝栗毛**』は、弥次郎兵衛と喜多八の江戸から京都までの道中の物語です。

歴史

B 31 江戸を中心とした庶民の生活の様子や風景を描いた多色刷りの絵を何というか。（宮城・改）

A 32 大胆な構図や色彩がヨーロッパの印象派の画家に影響を与えた、「富嶽三十六景」などの風景画を描いた人物は誰か。（東京・改）

B 33 葛飾北斎と並び多くの浮世絵による風景画を描いた人物は誰か。（大阪）

! A 34 町人や農民の子どもたちが学んだ民間の教育施設を何というか。（栃木）

C 35 長崎のオランダ商館に鳴滝塾を開いた人は誰か。（長崎・改）

A 36 19世紀に、外国の船が日本に近づいてくるようになると、江戸幕府はこれを砲撃する法令を出した。この法令を何というか。（岐阜・改）

! B 37 異国船打払令を批判した高野長英や渡辺崋山らの蘭学者たちが、1839年に幕府によって処罰された事件を何というか。（香川）

B 38 ききんで苦しむ人々を救うために、大阪で反乱を起こした元大阪町奉行所の役人で陽明学者は誰か。（岐阜・改）

B 39 天保の改革を行った江戸幕府の老中は誰か。

! 40 新たに江戸や大阪の周辺にある大名や旗本の領地を直接支配しようとした政策を何というか。（大阪・改）

解答	解説
錦絵 浮世絵の一種で、多色刷りにしたもの	**鈴木春信**が錦絵を大成しました。「浮世絵」を問われることもあるので、関連しておさえておきましょう。
葛飾北斎 図 『富嶽三十六景』を描いて、風景画の作品を残す	「**富嶽三十六景**」は2024年から新千円札に採用されています。葛飾北斎らの作品は幕末にパリ博覧会に出展され、その後印象派画家にも影響を与えました。日本の芸術が海外の芸術作品に広く影響を及ぼした現象を**ジャポニスム**といいます。
歌川広重（安藤広重） 『東海道五十三次』などを描いた	葛飾北斎とともに活躍した浮世絵師です。代表作として、『東海道五十三次』や『江戸名所図会』などがあります。
寺子屋 読み・書き・そろばんなど実用的な知識や技術を教える	C 問題に「**読み・書き・そろばん**」とあれば「**寺子屋**」が解答の可能性大です。庶民の子どもが通うのが寺子屋、武士の子どもたちの教育機関は藩校です。混同しないよう注意しましょう。
シーボルト ドイツの医者で、鳴滝塾を開いた	鳴滝塾の門下生には、**高野長英**らがいます。
異国船打払令 史 外国船の撃退を命じる法令	イギリスの船がたびたび日本に近づいていたことで、オランダ以外の外国船の入船を拒否する命令が出されました（ただし、オランダも長崎以外では入船を拒否されました）。
蛮社の獄 モリソン号事件（日本人の漂流民を乗せたアメリカの船を幕府が砲撃）を渡辺崋山や高野長英が批判して処罰	B **モリソン号事件**を受け、**渡辺崋山**や**高野長英**らが異国船打払令を批判したことで処罰されました。
大塩平八郎 史 空 大阪町奉行所の元役人で、幕府に反乱を起こした	天保のききんで米の値段が上がり、人々の生活は苦しくなりました。元大阪の役人だった大塩平八郎は、人々の生活を守るために反乱を起こしました（大塩平八郎の乱）。
水野忠邦 空 短 天保の改革を行った老中	**天保の改革**については、下記の**上知令**のほか、株仲間を解散させたこと、都市に出て行った農民を村に返す**人返し法**、異国船打払令を緩和したことなどをおさえておきましょう。
上知令 短 江戸や大阪の周辺を幕領にする政策	D 江戸や大阪周辺を幕府の直轄領にして、大名や旗本を別の地域に移そうとしたのが上知令です。それまで、**幕府が大名や旗本の配置を決定していましたが**、力が弱くなり失敗しました。

歴史

A **1** 1688年にイギリス議会が国王を交代させ、翌年に議会と国王の権限の確認を行うことで議会政治の基礎が固まった。無血で行われたことから、このできごとを何とよぶか。（福島・改）

！ S **2** 国のすべての権力を握った国王が絶対的な権力をふるった「古い制度」を何というか。（山梨・改）

！ B **3** 王による圧政の象徴であったバスチーユ牢獄を、民衆が襲撃して起こったできごとを何というか。（島根・改）

A **4** 自由と平等の思想の広がりを恐れた周辺国とフランスの間で起きた戦争で頭角を表し、後に皇帝となった人物は誰か。（佐賀・改）

D **5** 富国強兵を推し進めたドイツの首相は誰か。（山梨・改）

！ B **6** アメリカの南部の州と北部の州との間で、奴隷制などをめぐって1861年から起こった戦争を何というか。

頻 A **7** ゲティスバーグで、「人民の、人民による、人民のための政治」という表現で民主政治を説いた人物は誰か。（千葉）

！ B **8** 蒸気機関などの新技術によって生産力が増大し、工業中心の社会へ移り変わったことを何というか。（沖縄）

B **9** 産業革命における技術革新によって開発された、動力を生み出すしくみを何というか。（奈良）

B **10** 土地や工場などの資本を社会の共有財産にして、労働者や農民の平等な生活を目指す経済のしくみを何というか。

解答	解説
名誉革命 1688年〜89年に、イギリスで起こった市民革命	名誉革命後に**権利の章典**を出しました。これにより議会政治の基礎が築かれました。
絶対王政 短 国王が国家統一を進め、教会・議会・市民を従えて強い権力をふるう政治	**B** 鎖を断ち切る（自由を表す）女神が描かれた写真をもとに、絶対王政を断ち切って議会政治へ移り変わったことが問われます。
フランス革命 図 国王が国民議会を武力で抑えようとし、都市の民衆や農民が革命を行う	**A** 背景には、**戦争続きで財政が赤字になり、平民だけに重税を負担させていた**ことがあります。フランス革命では、**人権宣言**が発表され、人間の基本的権利が主張されました。
ナポレオン 図 フランス革命後に権力を握って皇帝となる	肖像画をもとに人物名が問われることがあるため、あわせておさえておきましょう。
ビスマルク ドイツ帝国宰相	ビスマルクは、大日本帝国憲法制定時のドイツの皇帝です。鉄血宰相とよばれました。
南北戦争 アメリカ南部の州と北部の州の間で、奴隷制などをめぐって起こった戦争	**C** **綿工業が発達した北部と、奴隷を使う大農場の綿花栽培がさかんな南部との間で対立が拡大**しました。日米修好通商条約を結んだにもかかわらず、これが原因で貿易額が減少します。
リンカン 史 アメリカ合衆国第16代大統領（リンカーン）	リンカンが南北戦争中に出した**奴隷解放宣言**を境に、北部が勝利しました。また、東部からの大陸横断鉄道が西部まで伸長しました。問題文にある演説の内容もおさえておきましょう。
産業革命 機械生産により生産力が増大し、経済や社会のしくみが大きく変化した	**B** 産業革命の始まりは、手工業から機械工業への転換です。おもに綿糸工業が中心でした。このころイギリスは「世界の工場」とよばれました。
蒸気機関 機械の動力源として利用されたしくみ	**ワット**は、蒸気機関を改良した人物です。蒸気機関は鉄道にも使用されました。
社会主義 労働者を中心に平等な社会を目指す思想	マルクスが『資本論』を著して、社会主義を説きました。

歴史

| | 11 | 19世紀にイギリスがインド・清と行った貿易を何というか。 |

| !A | 12 | ある戦争がきっかけで、幕府は異国船打払令をやめ、外国船に必要な燃料や食料を与えるように命じた。この戦争は何か。（兵庫） |

| !C | 13 | 清がイギリスに香港を譲り、上海など五つの港を開くことになった条約を何というか。（広島） |

| C | 14 | イギリス軍に雇われていたインド人兵士を中心として、インドで起こった大規模な反乱を何というか。 |

■ 市民革命（176ページ参照）

革命名	年代	国名	内容	権利関係
ピューリタン革命	1642～49	イギリス	クロムウェルが主導し、国王を処刑して共和政樹立	————
名誉革命	1688	イギリス	国王を追放し、オランダから国王を迎える	権利(の)章典
アメリカ独立戦争	1775	アメリカ	ワシントンを最高司令官にイギリスと対立したフランスなどの援助で有利に進める	独立宣言
フランス革命	1789	フランス	バスチーユ牢獄を襲撃し、国民議会が人権宣言を発表	人権宣言

■ 啓蒙思想（176ページ参照）

著書	著者	内容
マグナ・カルタ	————	国王のもつ課税権や逮捕権などを制限する
※市民政府二論	ロック	社会契約説を主張、人民は抵抗権があると説く
法の精神	モンテスキュー	立法・行政・司法の三権分立の必要性を説く
社会契約論	ルソー	国家の主権は人民にあるという人民主権を説く

※統治二論と表すこともあります。

解答	解説

三角貿易 図
イギリスとインド、中国を結ぶ貿易

Ⓑ イギリスは綿織物をインドに輸出し、インドでアヘンを栽培させて清に売り、中国製品を輸入しました。16世紀の大西洋三角貿易は、ヨーロッパとアメリカ、アフリカ大陸を結ぶ貿易です。

アヘン戦争 短
清がアヘンを取り締まったことで起きた、イギリスと清との戦争

Ⓑ アヘン戦争の影響で、異国船打払令をやめ、幕府は天保の薪水給与令を出しました。

南京条約 短
アヘン戦争の講和条約

Ⓑ 南京条約で、イギリスに香港を譲ること、賠償金を支払うことなどが決められました。

インド大反乱
イギリスに反感を持つインド人による反乱（シパーヒーの乱、セポイの大反乱）

インド大反乱が起こったころ、日本では日米修好通商条約が結ばれて開国しました。

■ **16世紀の三角貿易（大西洋三角貿易）**

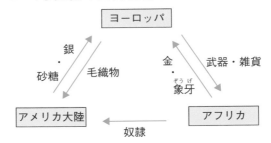

■ **19世紀の三角貿易**

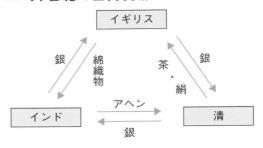

S 1 江戸幕府に対して開国を求める国書をたずさえ、4隻の軍艦を率いて浦賀に来航したアメリカ合衆国の使節を何というか。(大阪)

B 2 日本とアメリカとの間で下田、函館の2港を開港することなどを取り決めた条約を何というか。(鹿児島)

B 3 神奈川 (横浜) など5港の開港と開港地に設けた居留地において、アメリカ人が自由な貿易を行うことが認められた条約を何というか。(福島)

B 4 日米修好通商条約が結ばれたときの江戸幕府の大老は誰か。(青森)

B 5 大老の井伊直弼が、幕府の政策に反対する大名や公家、尊王攘夷派の武士を処罰したできごとを何というか。(愛媛)

C 6 松下村塾で多くの人材を育成したが、幕府の対外政策を批判したため、安政の大獄によって幕府から処罰された人物は誰か。(愛媛)

A 7 長州藩にある砲台が、4か国の連合艦隊に占領された戦争を何というか。(愛媛・改)

8 生麦事件をきっかけとして、イギリスと薩摩藩との間で起こった戦争を何というか。

A 9 尊王攘夷派として、江戸幕府を倒すための倒幕運動を行い、1877年に西南戦争を起こした薩摩藩の藩士は誰か。

D 10 西郷隆盛とともに長州藩と同盟を結び、王政復古に努め、1873年に内務省の初代内務卿になった薩摩藩の藩士は誰か。

解答	解説

ペリー 短 地
東インド艦隊司令長官で、日米和親条約を締結した

C ペリーは、清との貿易を進め、アメリカ西海岸から太平洋を横断する航路を開くために、中継地を日本に求め、浦賀に来航しました。

日米和親条約
1854年、下田・函館を開港した条約

B 下田・函館の位置を確認しておきましょう。ペリー来航後、江戸幕府は食料や水、石炭などを供給し、鎖国体制が崩れました。また、オランダ・イギリス・ロシアとも同様の内容を締結しました。

日米修好通商条約 短
1858年、領事裁判権を認め、関税自主権がないことを認めた条約

B 領事裁判権（治外法権）は、外国人が居留地の法律に従わなくてよい権利、関税自主権は、国が輸入品に対して自由に関税をかけられる権利です。アメリカのほか、オランダ・イギリス・フランス・ロシアとも締結したので、安政の五カ国条約ともいいます。

井伊直弼
彦根藩出身。大老として政治を行った

日米修好通商条約を天皇の許可なく調印したことで、批判を受けた人物です。

安政の大獄
井伊直弼が幕府の政策に反対する大名や公家などを処罰

安政の大獄で、吉田松陰、橋本左内らが処罰されました。井伊直弼は桜田門外の変で水戸藩浪士らに暗殺されました。

吉田松陰
松下村塾で指導したが、安政の大獄で処刑される

松下村塾の塾生は、木戸孝允、伊藤博文など、明治維新に大きく関わった人物を輩出しました。

下関戦争 短
四国連合艦隊下関砲撃事件（137ページ参照）ともいう

D 長州藩が攘夷から考えを変えたのは、欧米諸国との戦争に敗れたことで、攘夷は不可能と判断したためです。

薩英戦争
生麦事件をきっかけに、薩摩藩とイギリスの間で起きた戦争

C 生麦事件をきっかけに薩英戦争が起こりました。長州藩と同じく、攘夷が不可能と判断したため、列強の技術を学び、幕府に対抗できる力を備えようとしました。

西郷隆盛
薩摩藩出身で、征韓論に敗れた後、西南戦争を起こした

西南戦争の中心人物として出題されやすいので、おさえておきましょう。

大久保利通
薩摩藩出身で、初代内務卿となる

明治6年の政変後に政府の中心人物となり、内務省の初代内務卿となった人物です。

歴史

11 土佐藩の坂本龍馬の仲介で、薩摩藩と長州藩が結んだ軍事同盟を何というか。

B 12 倒幕を目指す動きが高まるなかで、政権を朝廷に返した江戸幕府の15代将軍は誰か。（山形・改）

! A 13 江戸幕府15代将軍の徳川慶喜が政権を朝廷に返還したことを何というか。（長崎）

B 14 大政奉還に対して、武力による倒幕を目指す勢力が天皇中心の政治にもどすための宣言を何というか。（鹿児島）

S 15 倒幕派と結んで王政復古の大号令を実現させた公家は誰か。

! A 16 1868年の鳥羽・伏見の戦いに始まり、約1年5か月にわたる、新政府軍と旧幕府側との戦争を何というか。（香川）

C 17 戊辰戦争の最後の舞台となった場所はどこか。（福島・改）

■ 幕末期の開港地

新潟
神戸
函館
長崎
下田
横浜

▲ 日米和親条約で開港
● 日米修好通商条約で開港

解 答	解 説
薩長同盟 薩摩藩と長州藩が坂本龍馬を仲介して結んだ同盟	土佐藩の**坂本龍馬**が仲介して薩摩藩と長州藩が同盟を結びました。
徳川慶喜 江戸幕府15代将軍	1866年、フランスから援助を受けて幕政を改革しようしましたが、時期が遅く、1867年に朝廷に政権を返上しました（大政奉還）。
大政奉還 短 政権を幕府から朝廷に返還すること	**C** 徳川慶喜が大政奉還を行ったのは、**新たな政権のなかで主導権を維持するため**です。
王政復古の大号令 天皇中心の政治に戻す宣言	幕府から朝廷に政権を返還する大政奉還に対して、天皇中心の政治に戻すことを宣言したものが、王政復古の大号令です。
岩倉具視 公家出身で、岩倉使節団の代表	岩倉使節団の代表者として問われることも多いです。
戊辰戦争 旧幕府軍と新政府軍の戦争。幕府軍を降伏させた	**B** 戊辰戦争の発端となったのが**鳥羽・伏見の戦い**です。**大政奉還後、徳川慶喜の内大臣の辞退と領地の返納が決定した**ことで、旧幕府側の不満が高まったために起こりました。
五稜郭 図 函館にある建物で、戊辰戦争最後の激戦地	**榎本武揚**は五稜郭を守っていた人物です。五稜郭は写真で問われることもあるので、以下をおさえておきましょう。

■ 幕末期の戦乱

四国連合艦隊
下関砲撃事件

鳥羽・伏見の戦い

五稜郭の戦い

生麦事件

0 　200km

D 1 江戸幕府が倒れ、政治・経済・社会の近代化を目指して進められた一連の改革を何というか。(沖縄)

! B 2 新政府は、会議を開いて世論に基づいた政治を行うことなどを、新たな政治の方針として示した。これを何というか。(千葉)

! 3 藩主が領地と領民を天皇に返す制度を何というか。(鹿児島・改)

! B 4 1871年に、各県や府を、政府が任命した役人に治めさせた政策を何というか。(岐阜・改)

! 5 倒幕の中心となった薩摩、長州、土佐、肥前藩の出身者が中心となって作られた派閥による政治を何というか。

! A 6 わが国の近代教育制度について定めた最初の法令を何というか。(大阪)

! S 7 士族と平民の区別なく、兵役の義務を負った制度を何というか。(秋田・改)

! B 8 改革に必要な財源を安定させるため、それまでの米で税を納める方法から、現金で納める方法となった税制度の改革を何というか。(鳥取)
頻

A 9 明治政府が、欧米諸国に対抗する近代国家の建設を目指した目標を何というか。(岡山)

! C 10 日本の近代化を推し進めるため、産業の育成に力を入れた政策を何というか。(宮城)

解答	解説

明治維新
近代国家の成立を目指して行われた一連の変革

左記の問題文のような言いまわしで問われても、正しく答えられるようにしておきましょう。

五箇条の御誓文 短 史
明治天皇が神々に誓う形で発表した政府の基本方針

D 五箇条の御誓文は、新政府の政治方針を示したものです。**世論を大切にし、外国の文化や制度、技術などを取り入れることなど**が示されました。

版籍奉還 短
藩主に土地と人民を政府に返還させた制度

C 左記の意味を正しくおさえましょう。版籍奉還以降、藩主は知藩事となり、そのまま領土を支配しました。

廃藩置県
藩を廃止して、新たに府・県を設置し、府知事・県令が派遣された制度

B 政府が全国を直接治めるしくみが作られ、中央集権国家が確立しました。知藩事に代わり、中央から府知事・県令が派遣され、知藩事は東京に集合しました。

藩閥政治 短
藩閥が中心となった政府

D 薩摩藩、長州藩、土佐藩、肥前藩など特定の藩出身者が中心だったため、藩閥政治は批判されました。これらの藩出身者が中心となった政府を藩閥政府といいます。

学制
満6歳以上の男女全てに小学校教育を受けさせた法令

D 学制により、教育費がかかること、農業の働き手が取られることとなり、各地で反対一揆が起こりました。

徴兵令 短 史
満20歳以上の男子に兵役の義務を負わせた

B **20歳以上の男子に兵役の義務を負わせた**ことを記述できるようにしておきましょう。

地租改正 図
地券の所有者が地価の3%を現金で納める制度

B **政府の財源収入を安定させるための制度で、地価の3%を現金で納める**ようになりました。しかし人々の不満が大きく、地租改正一揆が起こったため、地価の3%から2.5%にしました。

富国強兵
欧米諸国に追いつくための目標

下記の殖産興業と混同しないようにしましょう。殖産興業は、富国強兵実現の手段の一つです。富国強兵の具体的な政策には、学制、徴兵制度、地租改正、殖産興業があります。

殖産興業 短
政府自ら産業や設備を整備して国を支える基盤を作った政策

D 岩倉使節団が調査した欧米諸国の政治制度・文化をもとに、**欧米の進んだ技術が取り入れられ、官営工場が設立**されました。

歴史

C 11 飛脚による通信手段が廃止され、それにかわる新たな制度が整えられた。この新たな制度を何というか。（奈良）

A 12 生糸の増産と品質向上を目指し、1872年に群馬県に建てられた官営工場を何というか。（栃木）

B 13 欧米の文化がさかんに取り入れられ、都市部を中心として、伝統的な生活に変化がみられた動きを何というか。（愛媛）

A 14 『学問のすゝめ』を著した人物は誰か。（山形・改）

A 15 新政府が動き出していく時期に、政府の中心となる人物たちが派遣された使節を何というか。（佐賀）

B 16 朝鮮に国交を結ぶよう求めたが断られたため、武力を用いてでも朝鮮を開国させようとする政府内の主張を何というか。（北海道・改）

C 17 1875年の江華島事件のきっかけに朝鮮に圧力をかけ、翌年、朝鮮を開国させるために結んだ条約を何というか。（山梨・改）

18 1875年にロシアと両国の国境を確定させた条約を何というか。（香川・改）

C 19 北海道の開発のために、1869年に政府が置いた役所を何というか。（大分）

B 20 北海道の開拓のために、北方の警備の役割を兼ねた組織を何というか。（新潟）

解答	解説

郵便制度 資 短
前島密が飛脚に代わって整えた制度

Ⓐ **前島密により郵便制度が整備されました。**郵便制度が発達したことで、新聞・雑誌が増加しました。

富岡製糸場 図 短
群馬県にある官営工場。2014年に世界文化遺産に登録

Ⓑ 富岡製糸場では西洋の技術や機械を導入して生産性が向上したため、工場制手工業よりも大量生産が可能になりました。

文明開化 図
人々の思想や信仰などに影響を与え、生活様式が変化した風潮

Ⓐ 文明開化で生活様式が変わりました。牛鍋、ランプ、レンガの建物、ガス灯、人力車といった当時の特徴を写真などで確認しておきましょう。

福沢諭吉
『学問のすゝめ』を著し、脱亜論を発表した

『**学問のすゝめ**』では、近代化のために必要な考えを説いています。他に東洋のルソーとよばれた**中江兆民**も、日本の近代化に影響を与えました。福沢諭吉は、2023年まで一万円札の肖像画（2024年からは渋沢栄一）として描かれています。

岩倉使節団 短
不平等条約改正のために欧米諸国に派遣された使節

Ⓐ 岩倉使節団の当初の目的は、**不平等条約を改正すること**でした。しかし、近代的な国家ではないなどの理由で交渉が失敗し、欧米視察を行うなど日本の近代化の動きが活発になりました。

征韓論
武力を用いて国交を認めさせようとする主張

板垣退助・西郷隆盛らが中心となって征韓論を主張しました。これに対して、岩倉具視・伊藤博文らが内地優先を主張して反対しました。

日朝修好条規 地
江華島事件が起きたのちに朝鮮と結んだ条約

Ⓒ 江華島の場所を地図で確認しましょう。**日清修好条規**と混同しないように注意が必要です。日清修好条規は日本と対等な条約、日朝修好条規は日本に有利な条約です。

樺太・千島交換条約 地
樺太をロシア領、千島全島を日本領にした条約

Ⓑ 樺太・千島交換条約により、樺太がロシア領、千島全島が日本領となりました。地図上でも確認しておきましょう。

開拓使
北海道を開拓するための役所

札幌農学校を設立し、多くの官営事業をおこすなど、北海道開発を進めました。地理分野では、札幌の碁盤目状の地図とともに問われることがあります。

屯田兵
農作業のほか、非常時に武器を取って防備にあたる役割

開拓使と屯田兵を混同しやすいので注意しましょう。

歴史

B 21 1872年、琉球王国は明治政府によって何という名で設置されたか。

! A 22 国民が政治に参加する権利の確立を目指す運動を何というか。(山形)

A 23 士族の反乱のうち、西郷隆盛を中心として鹿児島の士族が起こした、最も大規模な反乱を何というか。(岩手・改)

C 24 1880年に大阪で結成され、国会の開設を政府に強く求めた組織を何というか。(愛媛)

B 25 1881年に板垣退助が国会の開設に備えて結成した政党は何か。(新潟)

A 26 1882年に、大隈重信が国会開設に備えて結成した政党を何というか。(香川)

頻 A 27 帝国議会が開かれるまでに、内閣制度の創設や大日本帝国憲法の制定に関わった人物は誰か。(神奈川)

C 28 天皇の相談に応じ、憲法解釈などの国の重要事項を審議する組織を何というか。(千葉)

D 29 大日本帝国憲法が発布されたときのわが国の内閣総理大臣は誰か。(大阪)

B 30 帝国議会に置かれた二院のうち、皇族や華族、天皇が任命する議員などで構成される機関を何というか。(山形)

解答	解説
琉球藩 1872年に琉球王国を琉球藩とし、日本の領土にした	このときの琉球藩の藩主は尚泰です。その後、琉球藩に代わって**沖縄県**が設置されたことを**琉球処分**といいます。
自由民権運動 短 史 国民の自由と権利を求め、立憲政治の実現を目指す運動	Ⓑ 板垣退助らが**民撰議院設立建白書**を提出し、自由民権運動が広がりました。明治政府は、自由民権運動に対して**言論による政府への批判を取り締まる**方針を立てました。
西南戦争 西郷隆盛が中心となり新政府軍と戦った反乱	鹿児島の不平士族らが、西郷隆盛を中心に起こした明治政府に対する最大の反乱です。西南戦争で戦費調達が必要となり、紙幣を多く刷ったためインフレーションが発生しました。
国会期成同盟 民権派の団体の代表者が大阪に集まって作られた組織	国会期成同盟による明治政府への国会の開設要求に対し、政府は10年後に国会を開くと約束しました（**国会開設の勅諭**）。1885年の内閣制度創設、1889年の大日本帝国憲法発布、1890年の第一回帝国議会、という流れをおさえましょう。
自由党 板垣退助が党首のフランス流の政党	自由民権運動の中心人物だった**板垣退助**を党首とする政党です。
立憲改進党 大隈重信を党首とするイギリス流の政党	党首の**大隈重信**は、第一次世界大戦が開戦したときの首相であることもおさえましょう。
伊藤博文 明治新政府の中心人物で、初代内閣総理大臣就任、大日本帝国憲法制定、韓国統監就任などを果たす	1885年に**内閣制度**を創設し、初代内閣総理大臣に就任した人物です。伊藤博文は大日本帝国憲法の制定に尽力しましたが、**大日本帝国憲法発布時の首相は黒田清隆**です。混同しないように注意しましょう。
枢密院 重要な国務の天皇相談に応じるため、有力政治家たちを集めた機関	天皇が意見を求めたとき、枢密院がこれに応じ審議し、議会や政党と対立しました。
黒田清隆 大日本帝国憲法発布のときの内閣総理大臣	関連して、大日本帝国憲法の特徴を問われることもあります。
貴族院 皇族や華族、天皇から任命された議員で構成された機関	貴族院は、皇族や華族、天皇から任命された議員で構成されました。明治時代から昭和初期までの帝国議会は、衆議院と**貴族院**の二院制が採用されていました。

歴史

! A 1 資本主義の発展とともに、列強はアジアやアフリカなどへ資源や市場を求めて進出し、軍事力によって植民地を広げていった。この動きを何というか。

B 2 政府が外務卿の井上馨を中心として行った政策を何というか。（福島）

! A 3 イギリス船が難破した際、イギリス船長と船員以外の日本人が全員死亡したことで、領事裁判権撤廃の声が高まった。この事件は何か。

B 4 イギリスと日英通商航海条約が結ばれ、領事裁判権が撤廃されたときの日本の外務大臣は誰か。（埼玉・改）

B 5 1911年、日米通商航海条約が結ばれ、関税自主権の回復に成功したときの日本の外務大臣は誰か。

A 6 1894年、民間信仰をもとにした東学を信仰する農民軍が、朝鮮半島南部一帯で蜂起した事件を何というか。

! A 7 甲午農民戦争をきっかけに、朝鮮に出兵した日本と清が戦った戦争を何というか。（鹿児島・改）

頻 A 8 日清戦争後の講和会議で締結された、清が朝鮮半島の独立を認め、日本が領土や賠償金を得た条約を何というか。（宮崎・改）

! B 9 下関条約で得た遼東半島を清に返還するよう、ロシア・フランス・ドイツの三国が要求したことを何というか。

! A 10 義和団事件後、満州に大軍を置くロシアとの関係が悪化した。これに対抗するべく日本が1902年に結んだ同盟は何か。（愛媛・改）

解答	解説

帝国主義 短

植民地の獲得などを目指し、世界の広い範囲を列強によって分割しようとする動き

Ⓒ ヨーロッパ諸国は、原料を手に入れ、商品の市場を拡大するため、アジアやアフリカを分割しました。

欧化政策

日本の西洋化を外国に示すこと

欧化政策を進めた中心人物は外務卿の**井上馨**です。欧化政策の具体例として、**鹿鳴館**の建設が挙げられます。

ノルマントン号事件 資 短

この事件を機に不平等条約改正を求める声が高まる

Ⓐ この事件でイギリス船長の刑罰が軽かった理由を問われたら、**イギリスに領事裁判権（治外法権）が認められていた**ため、と記述しましょう。

陸奥宗光

日英通商航海条約を締結し、下関条約の全権を担った

日英通商航海条約で領事裁判権が撤廃され、関税自主権も一部回復しました。

小村寿太郎 短

関税自主権を回復した外務大臣

1911年に日米通商航海条約を結び、関税自主権の回復に成功しました。

甲午農民戦争

東学を信仰する農民軍が朝鮮半島南部で蜂起した事件（東学党の乱）

甲午農民戦争がきっかけで、日清戦争が起こりました。

日清戦争 資 短

甲午農民戦争をきっかけに日本軍と清軍が衝突した戦争

Ⓒ 日清戦争直前の東アジアでは、**朝鮮の支配をめぐり日本と清が対立し、その様子をロシアがうかがっている状況**でした。**ビゴーの風刺画を読み取る問題も出されます。**日清戦争がきっかけで欧米列強が中国を分割しました。

下関条約 史

日清戦争の講和条約

台湾を獲得したこと、賠償金を元手に八幡製鉄所を操業したことなど、さまざまな関連知識が問われます。問題文の内容とともにおさえましょう。史料を使った出題もあります。

三国干渉

ロシア・フランス・ドイツが日本に遼東半島の返還を求めた

Ⓐ 三国干渉により、日本が遼東半島を清に返還しました。その後、ロシアが遼東半島（旅順・大連）を租借しました。

日英同盟 資 短

ロシアの南下政策に対抗するために、イギリスと結んだ同盟

Ⓑ 義和団事件の間に満州を占領したロシアと日本の緊張が高まります。**ロシアの勢力を防ぐため、日英同盟を結びました。**ビゴーの風刺画をもとに問われることもあります。

歴史

! C 11 1904年、日本とロシアの満州※をめぐる交渉が決裂して起きた戦争を何というか。

A 12 ロシアとの戦争中に、「君死にたまふことなかれ」という詩をよんで、出兵した弟の身を案じた歌人は誰か。(千葉)

! B 13 日露戦争の後、アメリカの仲介によって、日本とロシアとの間で結ばれた条約を何というか。(青森)

! B 14 ポーツマス条約の内容に不満をもつ人々が政府を攻撃した事件を何というか。(香川・改)

B 15 第一次護憲運動の結果、陸軍や藩閥に支持された内閣が退陣した。このときの内閣総理大臣は誰か。(香川・改)

B 16 清を倒して漢民族の独立と近代国家の建設を目指す革命運動の中心となり、三民主義を唱えた人物は誰か。(埼玉・改)

C 17 1912年に建国された、アジア最初の共和国を何というか。(栃木)

! A 18 下関条約で得た賠償金をもとに福岡県に建設され、1901年から鉄鋼の生産を始めた官営工場を何というか。(佐賀)

! 19 民間鉄道の経営統一、軍事物資や兵員の輸送という目的で制定された法律を何というか。(山梨・改)

B 20 衆議院議員として足尾銅山の鉱毒による被害の解決に取り組み、議員辞職後も力を尽くした人物は誰か。(愛媛)

※「満州」は「満洲」と表される場合がありますが、本書では2023年現在の8社の教科書に基づき「満州」と表記します。

解答	解説

日露戦争
日本軍とロシアの韓国と満州をめぐる戦争

C 日露戦争は、日清戦争よりも多額の戦費を必要とし、戦争の被害も甚大でした。この戦いで活躍した軍人は東郷平八郎で、日本海海戦の指揮をとりました。

与謝野晶子
ロマン主義の詩人で、反戦詩をよんだ

『明星』に「君死にたまふことなかれ」を発表しました。歌集『みだれ髪』もおさえておきましょう。

ポーツマス条約
セオドア＝ルーズベルト大統領の仲介で締結された日露戦争の講和条約

B ポーツマス条約で日本は、樺太の南半分を手に入れ、南満州鉄道をゆずり受けました。しかし、賠償金が得られなかったため、国民の不満は高まりました。

日比谷焼き打ち事件
ポーツマス条約の内容に不満をもった民衆による暴動事件

S ポーツマス条約で賠償金が得られなかったことなどに不満を持った人々が日比谷公園で集会を開き、交番などを焼き打ちしました。

桂太郎
第一次護憲運動のときの内閣総理大臣

安倍晋三首相が記録を塗り替えるまで、内閣総理大臣の在位日数で1位でした。

孫文
漢民族の独立と近代国家の建設を目指す革命家で、三民主義を唱えた

民族の独立、民権の伸長、民生の安定を基本政策とする三民主義を主張しました。中華民国を建設し、臨時大総統に就任したほか、1905年に中国同盟会を結成しました。

中華民国
辛亥革命後、南京を首都として建国した

辛亥革命の結果、建国された共和国です。袁世凱が大総統に就任しました。首都南京の位置を地図で確認しましょう。

八幡製鉄所 地
日清戦争の賠償金を元手に操業した官営工場

B 位置を地図で確認しましょう。八幡製鉄所が発展した理由は、海上と陸上の交通の便がよく原料の輸入が行いやすいことと、近くに筑豊炭田があることなどです。

鉄道国有法
経営の統一や軍事輸送の目的で鉄道を国有化する法律

D 同年(1906年)に大連に南満州鉄道株式会社が設立されました。

田中正造 資
足尾銅山鉱毒事件解決に取り組んだ衆議院議員

足尾銅山鉱毒事件は、足尾銅山から出た鉱毒が渡良瀬川に流れ込んだことで、水質汚濁や洪水など大きな社会問題となりました。

歴史

D 21 1910年、明治天皇暗殺を計画したとして多くの社会主義者たちが逮捕され、幸徳秋水らが処刑された事件を何というか。（佐賀）

! B 22 厳しい労働条件を改善しようとする運動が起こり、12歳未満の就業禁止などが定められた法律を何というか。（千葉）

A 23 仏像などの伝統的な彫刻の技法に、ヨーロッパの写実的な技法を取り入れた「老猿」の作者は誰か。（新潟・改）

B 24 明るい画風の西洋画を描き、欧米の新しい表現方法で「湖畔」を描いた人物は誰か。（沖縄・改）

C 25 文章を口語の文体で表現する、言文一致とよばれる表現方法で小説『浮雲』を発表した人物は誰か。（愛媛・改）

B 26 『たけくらべ』『にごりえ』などの小説を発表し、2023年までの5千円札にその肖像が使われた人物は誰か。（鹿児島・改）

A 27 夏目漱石と同時代の作家で、小説『舞姫』の作者は誰か。（愛媛・改）

B 28 破傷風の血清療法を発見するなど、世界的にも最先端の研究を行った人物は誰か。（福岡）

S 29 狂犬病・小児まひ・梅毒などの研究で功績を残したが、黄熱病の研究中に感染して亡くなった人物は誰か。

A 30 女子留学生のうち最年少でアメリカにわたり、のちに日本で女子英学塾を設立するなど、女子教育発展に尽力した人物は誰か。（大阪・改）

解答	解説
大逆事件 明治天皇暗殺を計画した社会主義者を逮捕した事件	大逆事件では、**幸徳秋水、内村鑑三**らが処刑されました。
工場法 史 労働条件を定めた法律	Ｄ 工場法では、**女工の長時間労働を改善するため、労働時間に制限が設けられました。**
高村光雲 図 彫刻家で「老猿」の作者	代表作「**老猿**」を写真でもおさえておきましょう。
黒田清輝 図 「湖畔」を描いた作者	代表作「**湖畔**」を写真でもおさえておきましょう。
二葉亭四迷 言文一致の表現方法を用いて『浮雲』を発表した	**言文一致**とは、文章を口語の文体で表現することです。
樋口一葉 『たけくらべ』『にごりえ』などの小説を発表した	作品名や、紙幣に肖像画が使われている人物として問われることがあります。2024年からは、五千円札の肖像画は樋口一葉から津田梅子になります。
森鷗外 図 『舞姫』などの作品を残した	作品名と肖像画をセットでおさえておきましょう。
北里柴三郎 破傷風の研究を行った	紙幣に肖像画が使われている人物として問われることがあります2024年からは、千円札の肖像画が野口英世から北里柴三郎になります。
野口英世 黄熱病の研究を行ったが、ガーナで死去	問題文に「黄熱病」が入っていたら、野口英世の確率が高いです。2023年まで千円札の肖像画でした。
津田梅子 岩倉使節団に参加し、帰国後に女子英学塾を創設した	岩倉使節団の女子留学生だった津田梅子は、帰国後に**女子英学塾**(現在の津田塾)を開きました。2024年から新五千札の肖像画になります。

歴史

[第8章 —— 近代の世界・日本（大正・昭和初期まで）]

第一次世界大戦

! **1** ドイツ・オーストリア・イタリアの間で結ばれた軍事同盟を何というか。

B **2** イギリス・フランス・ロシアの間に結ばれた協約を何というか。（鹿児島・改）

B **3** 列強の利害と民族、宗教などの対立により、戦争が相次いだことから、当時「ヨーロッパの火薬庫」とよばれた半島を何というか。（千葉）

A **4** オーストリア皇太子夫妻が、セルビア人により暗殺された事件を引き金に始まった戦争を何というか。

! **5** 武力に加えてその国の人や資源、のちには植民地まですべての力を動員して戦う戦争を何というか。

B **6** ソビエト政府を樹立し、ロシア革命を指導した人物は誰か。（千葉・改）

S **7** イギリス・アメリカや日本などがソビエト政府を倒して革命の広がりを抑えるために、シベリアに軍事干渉を行ったことを何というか。

B **8** 計画経済をおし進めて、国内生産を増強したソビエト連邦の指導者は誰か。（香川・改）

B **9** それぞれの民族のことは、自分たちで決める権利があるという主張を何というか。（千葉）

頻 **A** **10** 1918年に第一次世界大戦が終わり、1919年のパリ講和会議で結ばれた条約を何というか。（青森）

解答	解説

三国同盟
ドイツ・オーストリア・イタリア三国の軍事同盟

B ドイツ・オーストリア・イタリアの三国による軍事同盟です。三国同盟に対抗して結ばれたのが三国協商です。第一次世界大戦では、同盟国は協商側と戦いました。

三国協商
イギリス・フランス・ロシア三国の協力関係

三国同盟に対抗するため、イギリス・フランス・ロシアによって三国協商が結ばれました。第一次世界大戦では**連合国**として同盟国と戦いました。

バルカン半島
ヨーロッパの火薬庫とよばれたヨーロッパ南東部に位置する半島

古くから民族が対立し、抗争が多い地域であったため、「**ヨーロッパの火薬庫**」とよばれました。オーストリア皇太子夫妻が暗殺されたサラエボ事件は、バルカン半島で起こりました。

第一次世界大戦
サラエボ事件をきっかけに起きた世界戦争

サラエボ事件をきっかけに同盟国と連合国が衝突して、第一次世界大戦が起こりました。

総力戦
武力や資源、植民地まですべての力を動員して戦う戦争

C 総力戦の影響で労働力が不足し、それを補うために女性が社会進出するようになりました。これにともなって、欧米諸国では女子の参政権が実現していきました。

レーニン
ロシア革命を指導し、ソ連を指導した

レーニンが指導したロシア革命により、世界初の社会主義政権が樹立しました。イギリス・アメリカ・フランス・日本などの資本主義国は、社会主義拡大をおそれ、ロシア革命に干渉しました。

シベリア出兵
ロシア革命の広がりを抑えるために行った軍事干渉

資本主義国の干渉にもかかわらず社会主義国が誕生したことで、日本でも共産主義が復活しました。シベリア出兵などにより米の買い占めが起こり、米の値上がりに対する暴動が起こった**米騒動**（155ページ）もおさえましょう。

スターリン
レーニンのあとにロシアを指導した

スターリンの**五か年計画**により、ソ連はアメリカに次ぐ工業国になりました。

民族自決
それぞれの民族のことは、自分たちで決める権利

ウィルソン大統領が提唱した「**14か条の平和原則**」で、東ヨーロッパの多くの国が独立しました。しかし、アジアやアフリカなどの植民地には適用されませんでした。

ベルサイユ条約
第一次世界大戦の講和条約（ヴェルサイユ条約）

パリ講和会議で結ばれたことをおさえましょう。この条約で、ドイツは植民地を失い、多額の賠償金を支払うことになりました。

歴史

B 11 平和のための国際組織の設立を提案したアメリカ合衆国の大統領は誰か。（宮城・改）

B 12 第一次世界大戦後、国際平和を目指して設立された国際組織を何というか。（新潟）

C 13 四か国条約が結ばれたほか、海軍の軍備縮小などが決められた国際会議を何というか。（愛媛）

B 14 国際連盟本部の事務局次長で、国際平和に尽くした人物は誰か。（鹿児島）

A 15 20世紀初頭にドイツで制定された、世界で初めて社会権が定められた憲法を何というか。（宮城）

B 16 日本は、山東省のドイツ租借地や南洋諸島を占領したあと、中国に対してある要求をした。これを何というか。

A 17 パリ講和会議の結果、日本が山東省でのドイツ権益を引きつぐことが決まると、北京の学生たちが抗議行動を起こし、中国国内に広がった。この運動を何というか。（山形・改）

A 18 インドで第一次世界大戦後、イギリスからの独立を目指し、非暴力・不服従の運動を指導した人物は誰か。（北海道）

■ 三国同盟と三国協商（150ページ参照）

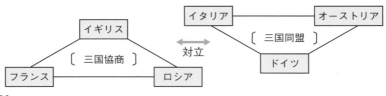

解答	解説
ウィルソン 国際連盟設立を提案したアメリカ合衆国大統領	14か条の平和原則を唱え、民族自決の考えを主張しました。ウィルソンの提案で国際連盟が発足しました。
国際連盟 ジュネーブを本部に設立された国際組織	**B** ウィルソン大統領の提案で発足しましたが、アメリカは議会で反対され参加しませんでした。国際連盟の常任理事国はイギリス・フランス・日本・イタリアの4か国(のちにドイツ・ソ連も)です。
ワシントン会議 1921年に開かれた国際協調を実現するための国際会議	**C** ワシントン会議により国際協調が実現しました。この会議で海軍の軍備縮小、日英同盟の解消などが決定しました。
新渡戸稲造 国際連盟本部の事務局次長	新渡戸稲造は、国際連盟の事務局次長であったこと、五千円札の肖像になったことの2点をおさえましょう。
ワイマール憲法 **(ヴァイマル憲法)** 世界で初めて社会権を定めた憲法	**B** 公民分野でも問われます。**自由権や平等権の保障だけでは、貧困や失業を改善できないため、社会権を保障しました。**
二十一か条の要求 史 山東省のドイツ権益を日本に譲ることなどを要求した	**D** 二十一か条の要求で、**ドイツが山東省に持つ一切の権益を日本に譲ること、旅順・大連の租借期限、南満州鉄道の期限を99年に延長すること**などが決定しました。
五・四運動 中国で起こった日本の占領に対する抗議運動	日本からの独立を求めた朝鮮の三・一独立運動と混同しないよう注意しましょう。
ガンディー 図 イギリスからの独立を目指し、非暴力・不服従の運動をした(ガンジー)	**A** イギリスの植民地支配に対して、「非暴力・不服従」を唱えて、抵抗運動を起こした人物です。写真で人物名を答える問題も出てきます。

歴史

■ 主な国の国際連盟加盟期間

イギリス		
フランス		
イタリア	1937 脱退
日本	1933 脱退
ドイツ	1933 脱退
アメリカ	不参加

1920 1925 1930 1935 1940 1945 (年)

(注) ▭ は国際連盟への加盟期間を表す。

153

! A 1 1912年に藩閥に支持された桂太郎内閣の成立に対し、憲法に基づく政治を守ろうという運動が起こった。この運動を何というか。（福島）

! A 2 頻 第一次世界大戦の戦場だったヨーロッパからの輸入が途絶えたことで、日本の造船業や鉄鋼業などが成長したことを何というか。（栃木・改）

! B 3 富山県から全国に広がり、軍隊が出動して抑えようとするほど、民衆の力の大きさを示すことになった運動を何というか。（鳥取・改）

B 4 大学令が制定された当時のわが国の首相で、はじめての本格的な政党内閣を組織した人物は誰か。（大阪）

! B 5 原敬の内閣は、大部分の閣僚を衆議院の第一党である立憲政友会の党員で占めた。このような内閣を何というか。

B 6 第一次世界大戦にともなう好景気による都市化の進展などを背景に、護憲運動など男子普通選挙を実現する風潮を何というか。（福岡・改）

B 7 大正デモクラシーを広めるうえで、大きな役割を果たした民本主義を主張した人物は誰か。（青森）

A 8 明治初期に出された「解放令」後も部落差別がなくならなかったため、平等な社会の実現を目指して結成された組織は何か。（栃木）

A 9 1911年に創刊された『青鞜』で「元始、女性は実に太陽であった」と宣言した人物は誰か。（島根）

C 10 市川房枝や平塚らいてうが、女性の政治参加などを求めて1920年に設立した団体を何というか。（兵庫）

解答	解説

（第一次）**護憲運動**
藩閥を倒し、政党による議会政治を守る運動

B 護憲運動を主導したのは尾崎行雄、犬養毅らです。1924年の清浦奎吾内閣のときに第二次護憲運動が起こりました。

大戦景気 資 短 空
日露戦争後からの不況と政府の財政難からかつてない好況となった経済

B 連合国への軍需品や日用品の輸出が大幅に増え、日本は好況となりました。これまでは軽工業が中心でしたが、造船・鉄鋼などの重工業が発展しました。物価や賃金、貿易収支などのグラフもおさえておきましょう。

米騒動
シベリア出兵前に米商人が米を買い占め、米価が高騰して起きた運動

A 米騒動の結果、寺内正毅内閣が総辞職し、立憲政友会の原敬が内閣を組織しました。

原敬
平民宰相といわれ、本格的な政党内閣を組織

米騒動のあと、立憲政友会の原敬が内閣総理大臣になりました。原敬は、華族の出身ではなかったため、「平民宰相」とよばれました。

政党内閣 短
陸相・海相・外相以外の大臣を衆議院第一党の党員が占める内閣

C 原敬内閣のとき、陸相・海相・外相以外の大臣が立憲政友会の政党員で構成された、本格的な政党内閣が成立しました。表を用いた資料読み取り問題が出てきます。

大正デモクラシー
民主主義や自由主義を求め、護憲運動や普通選挙運動が広がった

吉野作造は民本主義を、美濃部達吉は天皇機関説を主張しました。

吉野作造 史
民本主義を唱え政党内閣の実現を求めた東大教授

民本主義とは、政治の目的は民衆の利益を実現することで、民衆の意向にそった政策が実現されなければならないとする考え方です。

全国水平社 史
西光万吉らを中心に京都で部落差別撤廃を目指した組織

被差別部落の人々の差別からの解放を目指した組織です。水平社宣言は「人の世に熱あれ、人間に光あれ」と結ばれています。

平塚らいてう
青鞜社を結成し、女性解放運動を展開した

青鞜社を結成して女性運動を行った人物です。市川房枝と新婦人協会を結成し、女性選挙権の獲得に尽力しました。

新婦人協会
市川房枝を中心に参政権要求など女性の地位を高める運動をする組織

平塚らいてう、市川房枝らによる組織で、女性参政権の要求など女性の地位を高める運動をしました。治安警察法の一部を改正しましたが、女性参政権の獲得は失敗しました。

歴史

155

C 11 男子普通選挙を実現させるために内閣総理大臣となった、憲政会党首は誰か。

! 頻 B 12 1925年に、25歳以上の男子に選挙権を与えた法律を何というか。（長崎・改）

B 13 1925年に普通選挙法の制定と同時に成立し、国体の変革や私有財産制の否定を目的とする団体の結成を取り締まる法律を何というか。

B 14 人道主義の理想をかかげた白樺派のメンバーのうち、『暗夜行路』を書いた人物は誰か。

S 15 1925年に東京・名古屋・大阪で始まったメディアを何というか。

! B 16 1923年に東京・横浜などの大部分が被害を受け、壊滅的な状況になった災害を何というか。

! 17 一部の知識人や富裕層だけでなく、労働者やサラリーマンなど広く一般の大衆を担い手とする文化を何というか。

18 1914年に辰野金吾が建設した建物で、2024年から新一万円札に描かれる建物を何というか。

■ 選挙制度の変遷（188ページ参照）

交付年	実施年	首相	直接国税	選挙権	人口比率
1889	1890	黒田清隆	15円以上	25歳以上の男子	1.1%
1900	1902	山県有朋	10円以上	25歳以上の男子	2.2%
1919	1920	原敬	3円以上	25歳以上の男子	5.5%
1925	1928	加藤高明	なし	25歳以上の男子	20.0%
1945	1946	幣原喜重郎	なし	20歳以上の男女	48.7%
2015	2016	安倍晋三	なし	18歳以上の男女	83.6%

（東京書籍の教科書より作成）

解答	解説

加藤高明
普通選挙法を実現した憲政会党首

加藤高明内閣から犬養毅内閣までの8年間は**憲政会**(のちに立憲民政党)と立憲政友会が交互に内閣を組閣しました(**憲政の常道**)。

普通選挙法 短
満25歳以上の男子に選挙権が与えられた法律

Ⓑ 1925年の普通選挙法では、**納税額の制限がなくなったこと**をおさえましょう。1945年の普通選挙法では、**20歳以上の男女に選挙権が与えられました**。

治安維持法
天皇制の打倒や私有財産制度の否認を目的とする運動を処罰する法令

普通選挙法と同年の1925年に、共産主義思想の広がりを抑えるために制定されました。その後の改正で、最高刑を死刑と定め、予防拘禁も明記されました。

志賀直哉
白樺派の中心作家として活躍。代表作は『暗夜行路』

志賀直哉の代表作は、『暗夜行路』です。

ラジオ放送
1925年に始まったメディア

大正時代に教育が普及し、一般大衆向けの文化が発展します。新聞や雑誌の発行部数が増え、ラジオ放送が浸透しました。

関東大震災
1923年に関東地方を襲った大地震

Ⓐ 関東大震災がきっかけでコンクリートのビルが建設されました。帝都復興事業により、区画整理を行って震災に強く便利で暮らしやすい都市を作ることを目指しました。

大衆文化 短
労働者やサラリーマンなど広く一般の人々を担い手とする文化

Ⓑ ラジオや雑誌などのメディアが発達したことで、**情報や文化が大衆に広く普及しました**。洋室の応接間がある**文化住宅**も浸透しました。

東京駅
辰野金吾によって建設された

辰野金吾によって建設されました。2024年に発行する新一万円札の裏面に東京駅が描かれます。

■ 貨幣の肖像画

①2023年まで

紙幣	表面	裏面
千円	野口英世	富士山と桜
二千円	首里城	源氏物語絵巻
五千円	樋口一葉	燕子花図屏風
一万円	福沢諭吉	平等院鳳凰堂

(財務省HPより作成)

②2024年から

紙幣	表面	裏面
千円	北里柴三郎	富嶽三十六景
二千円	首里城	源氏物語絵巻
五千円	津田梅子	藤の花
一万円	渋沢栄一	東京駅

(国立印刷局HPより作成)

歴史

! A 1 世界経済の混乱を招いた、1929年のアメリカでの株価の暴落をきっかけに起きたできごとを何というか。（佐賀・改）

! S 2 世界恐慌のとき、アメリカのルーズベルト大統領が国民の雇用を確保するために積極的に公共事業をおこした政策は何か。（栃木・改）

! B 3 世界恐慌に対し、イギリスやフランスなどが本国と植民地、関係の深い国や地域との貿易を拡大する一方、それ以外の国から輸入される商品にかける関税を高くした。この政策を何というか。（香川・改）

! A 4 民主主義を否定して、個人よりも民族や国家を重視し、軍事力で領土を拡大しようとする独裁体制を何というか。（千葉）

A 5 反戦の意図が込められた「ゲルニカ」を描いた人物は誰か。

A 6 1931年に日本軍（関東軍）が中国で、鉄道の線路を爆破したことに端を発した戦争を何というか。（千葉）

! B 7 清の最後の皇帝であった人物が元首になった、長春・奉天を含む地域を何というか。（神奈川・改）

! B 8 満州事変の調査のため国際連盟が派遣した調査団を何というか。

! A 9 1932年に、海軍の青年将校が犬養毅首相を襲撃して暗殺した事件を何というか。（島根・改）

! B 10 1936年、陸軍の青年将校らが大臣などを殺傷し、首相官邸などの東京の中心部を占拠した事件を何というか。（佐賀）

解答	解説

世界恐慌 資
多くの企業や銀行が倒産し、失業者があふれ、世界中に広がった不況

A 世界恐慌前の日本では、不安を感じた人が預金を引き出そうとし、多くの銀行が休業しました（**金融恐慌**）。五大銀行の預金割合や、生糸の輸出額と関連して問われることもあります。

ニューディール政策 短
ダム建設などの公共事業を起こして失業者を助ける政策

B ルーズベルト大統領によって、**公共事業をおこして失業者を助け、労働者の権利を保護するニューディール政策が実施されました**。

ブロック経済 短
本国と多くの植民地との貿易を拡大しながら他国の商品を締め出す政策

C 世界恐慌に対してイギリスは、植民地との関係を密接にして貿易を拡大する一方、植民地以外からの輸入には高い関税をかけました。これに対して、**植民地の少ない国が植民地の拡大を求めたため、国どうしの対立が起きました**。

ファシズム 短
民主主義や基本的人権を否定し、軍事力で領土を拡大する独裁政治

A **ヒトラー**のナチス、**ムッソリーニ**のファシスト党をおさえておきましょう。

ピカソ 図
反戦の意図が込められた「ゲルニカ」を描いた人物

ゲルニカの写真を使った出題があります。教科書や資料集などで確認しておきましょう。

満州事変
1931年に日本軍が中国で、鉄道の線路を爆破したことに端を発した戦争

満州事変のきっかけとなった南満州鉄道の線路を爆破した事件を、**柳条湖事件**といいます。柳条湖事件と満州事変を混同しないようにしましょう。

満州国
日本が溥儀を皇帝にして建国した

D 満州国の位置を地図で確認しておきましょう。満州国の皇帝は**溥儀**です。満州国は形だけの独立国で、実質的には、日本の植民地でした。

リットン調査団
満州事変の実状を調査する調査団

B リットン調査団の報告を受けて国際連盟が勧告した満州からの軍隊引きあげを日本は受け入れず、**国際連盟を脱退**しました。

五・一五事件 史 短
海軍の青年将校が犬養毅首相を襲撃して暗殺した事件

B 五・一五事件についての新聞記事が資料として出題されることがあるので、確認しておきましょう。この事件で、**政党政治が終焉しました**。

二・二六事件
陸軍皇道派が主導となり、軍部中心の政権を行うクーデター

B 二・二六事件の結果、**軍部の政治的な発言力が強化され**、政府は軍部に反対ができなくなり、戦争への道を進んでいくことになりました。

歴史

A **11** 中華人民共和国を建国し、国家主席となった人物は誰か。（神奈川・改）

B **12** 1937年7月、北京郊外の盧溝橋付近で日本軍と中国軍の武力衝突をきっかけに起きた戦争を何というか。（埼玉・改）

! B **13** 戦争のために、労働力や物資を議会の承認なしに動員できる法令を何というか。（神奈川・改）

! B **14** 1940年に近衛文麿内閣が、政党を解散させて新たに結成した組織を何というか。

! **15** 戦時中、物資不足に対応するため、切符と引き換えに物資を配給する制度を何というか。

! **16** 第二次世界大戦が始まった翌年に、日本、ドイツ、イタリアの三か国により結ばれた同盟を何というか。（北海道・改）

B **17** 日本とソ連との間で、お互いに領土の尊重・不可侵・中立を約束した条約を何というか。

C **18** 日本が真珠湾を奇襲攻撃した事件をきっかけに始まった戦争を何というか。（沖縄・改）

! **19** 1945年3月後半に始まった、地上での戦闘が行われ、民間人が巻き込まれた戦いを何というか。（山梨・改）

A **20** 日本に対して無条件降伏や民主主義の復活を求める宣言を何というか。（愛媛・改）

解答	解説
毛沢東（もうたくとう） 中国共産党を率いて、戦後中華人民共和国を建国した	毛沢東は中国共産党を結成し、**蔣介石**の**中国国民党**と対立しました。日本軍の侵攻時は**抗日民族統一戦線**で共闘しました。戦後、蔣介石を台湾に追い出し**中華人民共和国**を建国しました。
日中戦争（にっちゅうせんそう）[地] 盧溝橋事件をきっかけに始まった日本と中国との戦争	**盧溝橋事件**をきっかけに日中戦争が起こりました。地図で確認しましょう。東京オリンピック中止の理由は日中戦争が長期化したためです。
国家総動員法（こっかそうどういんほう）[史] 議会の議決を経ずに、戦争遂行のために必要な人や物資を動員できる法令	Ⓑ 国家総動員法制定時の内閣総理大臣は**近衛文麿**です。これにより法律の制定に関する機能が制限されました。国家総動員法に基づいて、勤労動員や学徒出陣が始まりました。
大政翼賛会（たいせいよくさんかい）[短] 政党を解散させて、新たに組織した	Ⓑ ほとんどの政党が大政翼賛会の院内団体に参加しました。**大政翼賛会は政党名ではないので注意**しましょう。
切符制（きっぷせい）[短][資] 物資不足に対応するため、切符と引き換えに物資を配給する制度	Ⓐ **配給制**は、戦時中、生活必需品を必要に応じて配分する制度で、切符制は配給制の一つです。1940年に砂糖とマッチが、1942年に衣料が切符制となり、米は1941年に配給制になりました。このような切符を衣料切符といいます。
日独伊三国同盟（にちどくいさんごくどうめい） ドイツ・イタリア・日本で結ばれた軍事同盟	Ⓑ ドイツ・イタリア・日本の3か国を中心としたファシズム国家を**枢軸国**といいます。
日ソ中立条約（にっそちゅうりつじょうやく）[短] 北方の安全を確保して南進を続ける目的でソ連との間で結ばれた条約	**日ソ中立条約締結後、日本は石油やゴムなど重要資源確保のために東南アジアに進出し、ソ連はドイツに備えました。**日本の行動に対し、アメリカを中心に**ABCD包囲網**が作られました。
太平洋戦争（たいへいようせんそう） 真珠湾への奇襲攻撃と同時にマレー半島に上陸したことで始まった戦争	**真珠湾**を攻撃したと同時にマレー半島に上陸したため、この戦争は「**アジア・太平洋戦争**」ともよばれます。
沖縄戦（おきなわせん） 日本軍とアメリカ軍の沖縄をめぐる戦いで、日本で唯一の地上戦	Ⓐ 沖縄は日本で**唯一**の地上戦が行われた場所です。沖縄県の平和記念公園には、**平和の礎**とよばれる慰霊碑が設置されています。
ポツダム宣言（ぽつだむせんげん）[史] 日本の無条件降伏や、戦争終結の条件を提示した宣言	8月15日に昭和天皇が**玉音放送**で無条件降伏受諾を発表しました。参加国は**アメリカ・イギリス・ソ連**で、署名したのは**アメリカ・イギリス・中国**です。

S 1 連合国軍総司令部の最高司令官として、戦後の改革を主導した人物は誰か。(奈良)

2 都市住民が、農村へ食料を購入するために出かけた列車を何というか。

3 戦後改革の一つで、女性にも選挙権・被選挙権を与えるなど、選挙法の改正によって実現された権利は何か。

A 4 日本の経済の民主化を進めるために、三井、三菱、住友、安田など、様々な分野の企業を解体した政策を何というか。(福島・改)

A 5 企業の自由な競争を阻害しないことを目的に制定された法律を何というか。(愛媛・改)

A 6 使用者が最低限守るべき、賃金、休日、労働時間などの労働条件について定めた法律を何というか。(静岡)

B 7 地主が持つ小作地を政府が強制的に買い上げて、小作人に安く売り渡した政策を何というか。(岐阜)

B 8 日本国憲法に基づいて、教育の目的や目標、教育の機会均等、義務教育などが定められた法律を何というか。(大阪)

9 教育の民主化のための、軍国主義を賛美した部分や戦争にかかわる不都合な部分に墨を塗って読めないようにした教科書を何というか。

A 10 日本国憲法の前文と第1条に明記されている民主主義の基本原理を何というか。(兵庫)

解答	解説
マッカーサー 連合国軍最高司令官総司令部の長官として戦後改革を進めた	**連合国軍最高司令官総司令部（GHQ）**の長官として日本の非軍事化と民主化に尽力し、**戦後改革**を行いました。
買い出し列車 都市の人々が農村に出かけたときの列車	**Ⓑ** 食料不足が深刻で買い出しに出かける人がたくさんいました。都市部では非合法の**闇市**も出現しました。
女性参政権 20歳以上の男女に選挙権、女性に被選挙権が与えられた	**Ⓐ** 1925年の普通選挙法では25歳以上の男子にのみ与えられていた選挙権が、1945年に20歳へ引き下げられ、性別による制限も廃止されました。これにより、有権者数が増加しました。
財閥解体 短 三井・三菱などの四大財閥を解体し、財界の株式が一般に売られた	**Ⓑ** 財閥解体は、経済の民主化政策の一つです。財閥を解体し、資本の独占を防ぐために、独占禁止法が制定されました。
独占禁止法 カルテルや持株会社の設立が禁止された法律	**Ⓐ** 公民分野でも問われます。**公正取引委員会**とあわせておさえておきましょう。歴史分野では、財閥の持っていた資本や株式を没収したことと関連して問われることがあります。
労働基準法 労働三法の一つで、労働条件について定めた法律	**Ⓒ** 経済の民主化政策の一つです。労働者の団結権を定めた労働組合法もあわせて制定されました。労働基準法には、週1日以上の休日を与えることなどが明記されています。
農地改革 短 政府が地主の土地を強制的に買い上げ、小作人に安く売り払うこと	**Ⓑ** 地主から土地を安く買い取り、小作人に売ることで自作農が多くなりました。農地改革の前後で、自作農の数が大きく増えたことをおさえましょう。
教育基本法 史 小・中学校の9年間の義務教育を定めた法	**Ⓑ** 教育基本法第1条に「**平和的な国家及び社会の形成者**として……」と、教育の目的が定められています。なお、学校教育法は、教育基本法に基づいて学校制度について定めた法律です。
墨塗り教科書 教科書の表記のうち、軍国主義や戦争に関わる部分に墨を塗った	**Ⓑ** 軍国主義的な内容を教科書から排除するために行われました。
国民主権 国の政治に関する決定権は国民にあるとする原則	**Ⓑ** 日本の民主化のため、GHQがまとめた草案に基づき日本国憲法が公布されました。国民主権は日本国憲法の基本原理の一つで、他は**基本的人権の尊重、平和主義の原則**です。

歴史

B 11 本部をニューヨークに置いた、1945年に成立した国際平和機構を何というか。

! A 12 アメリカを中心とする資本主義諸国と、ソ連を中心とする社会主義諸国とに分かれ、直接には戦火を交えない対立を何というか。（鳥取）

C 13 1950年に起こった朝鮮民主主義人民共和国と大韓民国の戦争を何というか。

! A 14 1960年にアフリカに多くの独立国が誕生したことから、この年はなんとよばれているか。（三重）

! 15 朝鮮戦争のときの、特別な需要による日本の好景気を何というか。

A 16 GHQの指令により警察予備隊が発足されたのち、保安隊を経て1954年に陸・海・空軍が結成された組織は何か。

! B 17 1951年、アメリカで講和会議が開かれ、日本はアメリカを中心とする資本主義諸国などとの間で結んだ講和条約を何というか。（北海道）
（頻）

C 18 サンフランシスコ平和条約に署名した当時の日本の内閣総理大臣は誰か。（愛媛）

! B 19 1951年、日本の独立後もアメリカの軍事基地が日本国内に残されることになったアメリカと締結した条約を何というか。（沖縄・改）

! A 20 1956年、鳩山一郎内閣によって調印され、ソ連との国交が回復した条約を何というか。（鹿児島・改）
（頻）

解答	解説
国際連合 第二次世界大戦後に設立された国際平和機関。旗はオリーブがモチーフ	第二次世界大戦の反省から、国際連盟に代わる国際連合が1945年に設立されました。世界の平和と安全を維持するため、安全保障理事会も設置されました。
冷戦 短 アメリカ中心の資本主義諸国と、ソ連中心の社会主義諸国とに分かれ、直接は戦火を交えない対立(冷たい戦争)	**C** 第二次世界大戦後、アメリカ中心の資本主義諸国と旧ソ連中心の社会主義諸国は対立しました。朝鮮戦争やベトナム戦争は、資本主義国と社会主義国の代理戦争の形をとりました。
朝鮮戦争 1950年に北朝鮮と韓国との間で起きた戦争	朝鮮戦争の休戦地は板門店で、北緯38度線に国境があります。
アフリカの年 短 アフリカの国々が植民地支配から次々と独立した年	**B** 1960年以降に国際連合の加盟数が急増した理由を問われたら、**アフリカの国が多数独立したから**、と記述しましょう。
特需景気 短 図 朝鮮戦争のときに起きた日本の好景気	**B** 朝鮮戦争のとき、アメリカなどから大量の軍需物資の注文を受けたため、鉄鋼などの工業生産量が急激に増えました。
自衛隊 警察予備隊・保安隊から組閣された	**自衛隊の前身が警察予備隊や保安隊**です。PKO協力法によって、自衛隊が海外派遣されたこともおさえておきましょう。
サンフランシスコ平和条約 短 日本の独立が認められた条約	**C** サンフランシスコ平和条約を締結してから、**日本の独立が認められました**。その後日本は、アメリカを中心とする西側陣営に参加しました。
吉田茂 日本国憲法の制定、など戦後の日本において重要な役割を果たした首相	第1次吉田茂内閣については**日本国憲法の公布**、第3次吉田茂内閣については**サンフランシスコ平和条約の締結**をおさえておきましょう。
日米安全保障条約 アメリカの軍事基地が日本国内に残ることが明記された条約	**C** **アメリカ軍が日本に駐留することも承認されました**。
日ソ共同宣言 短 鳩山一郎内閣のときに調印された、ソ連との国交回復のための宣言	**C** 日ソ共同宣言により、日本の国際連合加盟が認められました。このとき、ソ連との国交は回復しましたが、北方領土問題が解決せず、平和条約は締結しませんでした。

歴史

C 21 日米安全保障条約の改定に対する激しい反対運動を何というか。(栃木)

B 22 インドネシアで開かれた会議では、第二次世界大戦後に植民地支配から独立した国々を中心に、植民地支配への反対や冷戦のもとでの平和共存の路線が確認された。この会議を何というか。(香川・改)

! A 23 冷戦の緊張のもと、1962年にソ連が核ミサイル基地を建設したことでアメリカが海上封鎖に踏み切ったできごとは何か。(埼玉・改)

! B 24 1960年からベトナムの統一、独立をめぐり、アメリカが軍事介入して始まった戦争を何というか。

D 25 1965年、韓国と国交を回復する条約が締結された。この条約は何か。

! C 26 1972年に田中角栄が調印した、日本と中国の国交を正常化するために発表された声明を何というか。(埼玉・改)

B 27 1978年に、中華人民共和国と日本の両国の関係を深めるために結んだ条約を何というか。

A 28 1971年に締結された、沖縄の返還に同意するための協定を何というか。(山梨・改)

C 29 アメリカによる統治が続いた沖縄が日本復帰を果たしたときの内閣総理大臣は誰か。

! A 30 1973年に石油の価格が大幅に上がった原因となった戦争を何というか。(香川)

解答	解説
安保闘争 新安保条約の批准を強行採決し、反対運動が盛り上がった	**日米相互協力及び安全保障条約締結をめぐる反対派の運動**です。**岸信介内閣総理大臣**は、この事件を機に総辞職しました。
アジア・アフリカ会議 植民地支配から解放された国々により開かれた会議	インドネシアのバンドンで開催されました。位置を地図で確認しましょう。この会議には中国やインドも参加しました。
キューバ危機 資 空 ソ連がキューバにミサイル基地を建設しようとし、アメリカが反対して起こった	**B** キューバの位置を地図で確認しておきましょう。アメリカと旧ソ連は、核戦争が起こる寸前まで対立しました。
ベトナム戦争 北ベトナムと南ベトナムの対立に、アメリカが介入した戦争	**B** 沖縄の米軍基地は、ベトナム戦争のときにアメリカの軍事拠点となりました。これ以降、島内で沖縄返還の動きが活発になりました。
日韓基本条約 韓国との国交を回復した条約	韓国を唯一の合法的国家として承認しました。現在でも北朝鮮との国交は回復されていません。
日中共同声明 田中角栄内閣のときに出された、中華人民共和国との国交を回復した条約	**A** 声明が出されたとき、中国から2頭のパンダが送られました。下記の日中平和友好条約と混同しないようにしましょう。
日中平和友好条約 福田赳夫内閣のとき、日中両国間の平和友好を固める目的で締結された	この条約で、正式に日中間の国交が回復しました。なお、福田赳夫内閣のとき、王貞治氏に国民栄誉賞が授与されたこともおさえましょう。
沖縄返還協定 1972年5月15日に、沖縄が日本に返還された	**1972年5月15日に沖縄本島が日本に返還されました。**しかし、米軍基地は現在も駐留しています。
佐藤栄作 沖縄返還を実現し、ノーベル平和賞を受賞	佐藤栄作は「核兵器を持たず、作らず、持ち込ませず」の**非核三原則**を発表したほか、日韓基本条約の締結や沖縄返還などの政治課題を果たし、1974年にノーベル平和賞を受賞しました。
中東戦争 イスラエルとアラブ諸国の、パレスチナをめぐる戦争	**B** 第四次中東戦争が原因で石油危機が起こり、日本の高度経済成長は終了しました。石油価格の高騰は、北洋漁業にも影響を与えました。

歴史

高度経済成長と現代の日本

S 1 1956年から1973年の時期の日本における、経済の急速な発展を何というか。（山形）

A 2 高度経済成長期の前半に流行した、白黒テレビ、電気冷蔵庫、洗濯機のことをまとめて何というか。

C 3 1960年代以降、資源の主力が石炭から石油に代わり、産業や社会に大きな変化が生じたことを何というか。（愛媛・改）

B 4 中東戦争のできごとにより起きた、原油価格の急激な上昇を何というか。（栃木）

5 1890年代にアメリカとの間で貿易収支の不均衡が問題となった。この問題を何というか。（新潟・改）

A 6 世界各国が参加して、産業や文化関連の出品・展示を行う国際的な博覧会を何というか。（福島）

A 7 大衆の娯楽である映画「羅生門」の監督は誰か。（岐阜・改）

S 8 「鉄腕アトム」を描いた漫画家は誰か。

B 9 ノーベル賞を受賞した、『伊豆の踊子』を書いた人物は誰か。（愛媛・改）

B 10 物理学者で、1949年に日本人として初のノーベル賞を受賞した人物は誰か。（鹿児島）

解答	解説
高度経済成長 1950年代後半から起きた急激な経済成長	**C** 1955年以降、年平均10%程度の経済成長を続け、日本は経済大国へと発展しました。池田勇人内閣は所得倍増をスローガンに掲げ、経済成長を促しました。
三種の神器 選 白黒テレビ・電気冷蔵庫・洗濯機のことを総称した言葉	1950年代は、三種の神器として**白黒テレビ、電気洗濯機、電気冷蔵庫**が普及しました。1960年代後半になると、カラーテレビ、自動車、クーラー（**3C**）が普及しました。
エネルギー革命 短 石炭から石油にエネルギーの中心に変わったこと	**B** 地理分野での出題もあります。エネルギーの資源が石油に変わったことで、石油危機のときに影響を受けました。
石油危機 短 原油価格が急激に上がり、中東の石油に頼った日本経済が打撃を受けた	**B** 第四次中東戦争により、**OPEC**が原油輸出を制限したことで、原油価格が高騰しました。このような異常な物価高騰を**狂乱物価**といいます。
貿易摩擦 短 輸入国と輸出国間の貿易収支の不均衡により起こる貿易問題	**C** 日本がアメリカに自動車などを輸出し、アメリカの貿易赤字が続き、日米間に貿易摩擦が生じました。対策としては、企業の海外進出、牛肉・オレンジの輸入自由化などが挙げられます。
日本万国博覧会 1970年、大阪で開催、略称はEXPO	**A** スローガンは「**人類の進歩と調和**」です。岡本太郎による太陽の塔もおさえましょう。2025年には大阪で日本万国博覧会が開催されます。
黒澤明 日本の映画監督で、「世界のクロサワ」とよばれた	黒澤明の代表作『羅生門』をおさえましょう。国民栄誉賞を受賞しました。
手塚治虫 昭和時代の漫画家	手塚治虫の代表作には『**鉄腕アトム**』『ブラックジャック』などがあります。人物と作品の組み合わせを問われることがあります。
川端康成 大正・昭和時代の小説家で、ノーベル文学賞を受賞	川端康成の代表作『伊豆の踊子』をおさえましょう。日本人でノーベル文学賞を受賞した人は、川端康成、大江健三郎、カズオ・イシグロです。
湯川秀樹 ノーベル物理学賞を受賞した物理学者	湯川秀樹は、日本で初めてノーベル賞を受賞しました。ノーベル賞や国民栄誉賞に関連する入試問題が増えているので、170、171ページの表をおさえましょう。

歴史

A 11 1989年に取り払われた、冷戦の象徴といわれた壁を何というか。

C 12 アメリカのブッシュ大統領とソ連のゴルバチョフ共産党書記長が冷戦の終結を宣言した会談を何というか。（千葉・改）

D 13 石油資源をねらうイラクが、クウェートに侵攻したことをきっかけに起こった戦争を何というか。（埼玉・改）

頻 A 14 国際連合が紛争後の平和の実現のために行う、停戦や選挙を監視するなどの活動を何というか。（青森）

B 15 複数の政党が集まって作る政権を何というか。（静岡）

A 16 1980年代後半、銀行の資金援助を受けた企業が余った資金を土地や株に投資し、地価や株価が異常に高くなる経済を何というか。（香川）

A 17 2008年に企業の生産縮小とそれにともなう失業者の増加をもたらしたできごとを何というか。（兵庫）

S 18 2011年に東日本を中心に大きな地震が発生した自然災害は何か。

■ 日本人の主なノーベル賞受賞者

ノーベル賞	主な受賞者
物理学賞	湯川秀樹、朝永振一郎、江崎玲於奈、小柴昌俊、南部陽一郎（米）、益川敏英、小林誠、赤崎勇、天野浩、中村修二（米）、梶田隆章、眞鍋淑郎（米）
化学賞	福井謙一、白川英樹、野依良治、田中耕一、下村脩、鈴木章、根岸英一、吉野彰
文学賞	川端康成、大江健三郎、カズオ・イシグロ（英）
平和賞	佐藤栄作、日本被団協
生理学・医学賞	利根川進、山中伸弥、大村智、大隅良典、本庶佑
経済学賞	該当者なし

（2024年11月現在／時事通信フォトより作成）

解答	解説

ベルリンの壁 短
東西ドイツを分割した冷戦の象徴

C ベルリンの壁が崩壊し、**東西ドイツが統一され**、冷戦が終わりました。

マルタ会談
アメリカとソ連が冷戦の終結を宣言した会談

A マルタ会談は、アメリカのブッシュ大統領とソ連の**ゴルバチョフ書記長**の間で行われました。

湾岸戦争
1991年の多国籍軍とイラク軍の戦争

イラク軍のクウェート制圧に対し、アメリカを中心とした西側諸国はイラク軍の撤収などを求め、多国籍軍が開戦します。2003年の**イラク戦争**（イラクのサダム＝フセイン政権が核兵器を開発したとして多国籍軍とイラク間で起きた戦争）との混同に注意です。

国連平和維持活動
地域紛争の拡大防止などの活動（PKO）

1992年に国際平和協力法（PKO協力法）が成立し、カンボジアに初めて自衛隊を派遣しました。

連立政権
複数の政党が与党となる政権

55年体制が崩壊し、**細川護熙**内閣から連立政権が登場しました。

バブル経済 短
地価と株価が異常に高騰して起きた好況

C 本来の評価以上に株や土地の価格が高騰し、不健全な好況が発生しました。雇用が増えて失業者が減少しましたが、バブル経済が崩壊すると、長期的な不況におちいりました。

世界金融危機
企業の生産縮小と失業者の増加をもたらしたできごと（リーマン・ショック）

S 麻生太郎の内閣総理大臣就任後、世界金融危機が起こり、大規模な景気対策したものの、衆議院議員選挙で自民党に代わって民主党が政権をとり、**鳩山由紀夫**内閣が成立します。

東日本大震災
2011年に東北地方を中心に起きた災害

東日本大震災の影響で福島第一原発事故が起き、原子力の稼働を全停止しました。日本の電力発電に占める原子力の割合と関連して問われることもあります。

■ 主な国民栄誉賞受賞者・団体

人物・団体名	ジャンル	人物・団体名	ジャンル	人物・団体名	ジャンル	人物・団体名	ジャンル
王貞治	野球	千代の富士貢	相撲	高橋尚子	陸上	長嶋茂雄	野球
古賀政男	作曲家	藤山一郎	歌手	遠藤実	作曲家	松井秀喜	野球
長谷川一夫	俳優	長谷川町子	漫画家	森光子	俳優	伊調馨	レスリング
植村直己	冒険家	服部良一	作曲家	森繁久弥	俳優	羽生善治	将棋
山下泰裕	柔道	渥美清	俳優	なでしこジャパン	サッカー	井山裕太	囲碁
衣笠祥雄	野球	吉田正	作曲家	吉田沙保里	レスリング	羽生結弦	フィギュアスケート
美空ひばり	歌手	黒澤明	映画監督	大鵬幸喜	相撲	国枝慎吾	テニス

（2024年11月現在／時事通信フォトより作成）

! A 1 地球環境やエネルギーの問題などを解決するために、将来の世代と現代の世代の幸福の両立が可能である社会を何というか。（佐賀・改）

! S 2 人や物、お金や情報などが国境を越えて地球規模で移動することを何というか。（秋田）

! A 3 各国が得意な分野の生産に取り組み、貿易によってそれらを交換し合うことを何というか。（鳥取）

! 4 国際的な問題を各国が協力して解決する考えを何というか。

! A 5 合計特殊出生率（ごうけいとくしゅしゅっしょうりつ）の低下と、高齢者（こうれいしゃ）の割合の増加が同時に起こる現象を何というか。（新潟）

! A 6 親と子ども、あるいは夫婦だけの世帯を何というか。（岐阜）

A 7 ネットワーク通信によって知識や情報を共有し、コミュニケーションを実現するための技術を何というか。

S 8 人間の知能と同じように、多くの情報から推論（すいろん）したり判断したりする働きをコンピューターに持たせたものを何というか。（佐賀）

! S 9 情報化社会に対応するために、情報を正しく読み取り活用する能力を何というか。（宮城）

解答	解説

持続可能な社会 短
環境が適切に保全され、将来の世代と現在の世代の要求を満たす開発が行われている社会(持続可能な開発)

Ⓐ 持続可能な社会を実現するためには、防災、環境・エネルギー、文化、情報などさまざまな課題があります。これらを解決するためには、持続可能性という視点が重要です。

グローバル化 短
人やもの、お金や情報などの移動が、国境を越えて地球規模に広がること

Ⓓ グローバル化が進むにつれて、国際競争が激しくなり、また国際分業も行われるようになります。

国際分業 短
異分野の生産を行い、貿易によって交換し合うこと

Ⓑ 航空機の生産で、イギリス、フランス、ドイツなどで国境を越えた技術協力が行われるなど、EUの経済的統合の影響が国際分業にも表れています。国境のボーダレス化(経済、文化などが国境を越えて広がること)もあわせておさえましょう。

国際協力 短
国際的問題を各国が協力して解決しようとする考え

Ⓒ 経済的援助の理由は、建物や設備を充実させるために資金が必要だからです。人材を育てる理由は、現地の人々に技術を伝えることで自立して生活が維持できるからです。

少子高齢化 短
少子化と高齢化が同時に起こる現象

Ⓒ 少子高齢化の背景には、合計特殊出生率が減ったこと、平均寿命がのびたことがあります。

核家族
親と子ども、もしくは夫婦だけの世帯

Ⓑ 核家族、**単独世帯**(一人世帯)、**三世代世帯**(祖父母、両親、子どもなど3世代以上同居家族)の違いもおさえましょう。

情報通信技術
略称はICT

類似する用語に**情報技術(IT)**がありますが、近年の入試ではICTとして聞かれることもあります。ICTが発達した地域には、インドのバンガロール(ベンガロール)などがあります。

人工知能
たくさんの情報をもとに判断するなど、人間の知能の役割をコンピューターにもたせたもの(AI)

これまでの技術革新は、人間が道具としてICTを活用するしくみを整えてきましたが、人工知能により、人間と人工知能が共同して業務を行うしくみへと変化しています。

情報リテラシー 短
情報を正しく読み取り活用する能力

Ⓐ 情報化が進むにつれ、情報格差や個人情報の流出などの課題が生まれ、その解決のために情報リテラシーが必要です。**フェイクニュース**(事実と異なる報道のこと)もおさえましょう。

公民

1 長い年月にわたって人々の暮らしのなかで作られ、大切に受け継がれてきた有形・無形の文化を何というか。

2 節分やひな祭りなどのように、毎年同じ時期に家庭や地域で行われる行事を何というか。

D 3 和食や和紙などがユネスコによって何に登録されたか。（福井）

S 4 言語、性別、年齢、障がいの有無にかかわらず、あらかじめ利用しやすい施設や製品などをデザインすること、またはそのようなデザインを何というか。（鹿児島）

B 5 障がいの有無に関係なく、すべての人が地域のなかで安心して生活できる社会を目指す考え方を何というか。（岐阜）

B 6 それぞれの国の人々が、互いの個性、文化などを尊重し合う社会を何というか。（鳥取）

A 7 人間は地域社会をはじめさまざまな社会集団と関係を持ちながら生きていることから、どのような存在であるといわれているか。（兵庫）

B 8 意見の決定方法の一つで、より多くの人が賛成する意見を採用する方法を何というか。（福島・改）

A 9 合意された結果が、無駄なく最大の利益をもたらすものであることを大切にする考え方を何というか。（神奈川）

A 10 ルールなどの決定の際に、一人ひとりを尊重し不当に制限されないことを何というか。（岐阜）

解答	解説

伝統文化 短
長い歴史の中で受け継がれてきた文化。能、歌舞伎など

Ⓑ 少子高齢化や過疎化が原因で、伝統文化を受け継ぐ若者がいないことが問題となっています。

年中行事
毎年、家庭や地域で行われる行事

Ⓐ 主な年中行事には、正月(1月)、節分(2月3日)、ひな祭り(3月3日)、花祭り(4月8日)、端午の節句(5月5日)、七夕(7月7日)、七五三(11月)などがあります。

無形文化遺産
形がなく、土地の歴史と深く関わる文化

2003年に無形文化遺産保護条約が採択されました。2023年現在、和食・和紙・能楽・風流おどりなどが登録されています。

ユニバーサルデザイン 短
言語や性別、障がいの有無などにかかわらず、誰もが利用しやすいよう工夫されたデザイン

Ⓐ ユニバーサルデザインの具体例に、高齢者のための階段の手すりや、車いす利用者のために工夫された自動販売機などがあります。障がいのある人への状況に応じた**合理的配慮**の必要性もおさえておきましょう。

ノーマライゼーション
障がいのある人も健常者と同じように生活できる社会

ユニバーサルデザインが広まると、より多くの人々がバリアや障がいを感じることなく生活でき、ノーマライゼーションの実現につながります。

多文化共生 短
互いの個性、文化などを尊重し合う社会(多文化社会)

Ⓐ 多文化共生とは、各国の人々が、互いの個性や文化を尊重し合う社会のことです。ダイバーシティ(多様性)を尊重する考えやユニバーサルデザインが広がっています。

社会的存在 空
さまざまな社会集団に所属し、協力し合う存在

対立と合意の過程が、空欄補充で問われることがあります。
空 意見が対立する場合、手続きや機会、結果について公平である(公正)の考え方や、お金や時間を無駄なく使う(効率)の考え方で合意形成することが必要である。

多数決 短 選
意見の決定方法の一つで、より多くの人が賛成する意見を採用する方法

Ⓑ 多数決を採用しても、**少数意見の尊重**は必要です。全会一致(全員の賛成で決定する方法)を採用すると、少数意見は尊重されますが、議論に時間がかかりすぎるという欠点もあります。

効率 選
社会全体で無駄を省く考え方

Ⓐ 効率の例には、以下のようなものがあります。
①余った食べ物を、自分の分を食べ終わった人から順に分ける。
②ある工場で注文が減ったことから、工場員の数を減らす。

公正 選
個人を尊重し、不当に扱わないこと

Ⓐ 公正の例には、以下のようなものがあります。
①投票日に選挙に行けない人のために、期日前投票制度がある。
②スポーツで使用する道具については一定の規制がある。

[第2章 —— 個人の尊重と日本国憲法]

人権思想と憲法総論

C 1 『統治二論（市民政府二論）』で抵抗権を唱え、その後の思想家にも影響を与えたイギリスの思想家は誰か。（大分）

頻 A 2 『法の精神』を著し、権力の分立を主張したフランスの思想家は誰か。（大阪）

頻 B 3 『社会契約論』を著し、人民主権を唱えたフランスの思想家は誰か。（山梨）

! A 4 フランス革命で発表された、自由や平等、国民の主権がうたわれたものは何か。（佐賀）

! A 5 1919年に定められた、社会権が最初に取り入れられたドイツの憲法は何か。（青森）

! A 6 国民の代表が制定した法によって、国王や政府の権力が制限されることを何というか。（北海道）

! B 7 国の政治権力から人権を守り、これを保障するために、憲法によって政治権力を制限する考えを何というか。（福島）

頻 A 8 国の政治の決定権は国民がもち、政治は国民の意思に基づいて行われるべきであるという原理を何というか。（新潟）

B 9 日本国憲法の基本原理の一つで、人はみな生まれながらに自由で平等であり、これを権利として保障する原則を何というか。

A 10 日本国憲法の基本原理の一つで、国際協調や戦争の放棄について努力するとする原理を何というか。（宮崎・改）

解答	解説
ロック 『統治二論（市民政府二論）』を著した啓蒙思想家	歴史分野で、市民革命の動きとして問われることがあります。著書名とセットでおさえましょう（132ページ参照）。
モンテスキュー 短 『法の精神』を著した思想家	短文記述問題で**三権分立**（203ページ参照）について問われます。目的（**国家権力の集中による権力の濫用を防ぐため**）と三権が指すもの（立法、行政、司法との関係）がポイントです。
ルソー 『社会契約論』を著した思想家	作品名とセットで覚えましょう（132ページ参照）。宗教改革を行った人物、ルターと混同しないように注意が必要です。
フランス人権宣言 フランス革命のときに出された宣言	**B** 条文が出題されることもあります。フランス革命時に、ルソーの思想に基づいて出された宣言だということもおさえましょう。
ワイマール憲法 世界で最初に社会権を取り入れたドイツの憲法	**B** 「社会権」を答えさせる問題もあります。ワイマール憲法を無視して再軍備を行った**ヒトラー**についても覚えておきましょう。
法の支配 短 政治権力から人権を守るため、憲法で国家を制限する考え	**C** 人の支配では、権力者が法により拘束されず、権力者が国民の権利を思うままに奪えます。法の支配では、権力者が法に拘束され、国民の自由や権利を守れます。
立憲主義 人権を守るために憲法により政治権力を制限する考え	**B** 近年出題頻度が上がった難題です。国の政治権力から**人権を守り、これを保障するために、憲法によって政治権力を制限する考え**ということがポイントです。
国民主権 短 国の政治に関する最終的な決定権は国民にあるという原理	**B** 日本国憲法の三大基本原理のなかでも頻出なのが、国民主権です。国民主権の原理は、選挙権・被選挙権、憲法改正の国民投票、国民審査などの制度に表れています。
基本的人権の尊重 人は生まれながらにして自由で平等であるという原理	日本国憲法では、基本的人権として、自由権、平等権、社会権などが保障されています。
平和主義 資 武力の行使を避け、平和的手段によって解決を目指す考え	平和主義は、日本国憲法前文に加えて、日本国憲法第9条にも書かれている原則です。

公民

B	11	日本国憲法第98条に、「条規に反する法律、命令、詔勅及び国務に関するその他の行為の全部又は一部は、その効力を有しない」と定められている憲法の性質を何というか。（大阪・改）
!	12	衆議院、参議院それぞれの総議員の3分の2以上の賛成で憲法改正案が可決されたあと、国会が行うことは何か。
! A	13	憲法改正の発議のあと、有権者により行われることは何か。（栃木・改）
A	14	日本国憲法第1条では、天皇は日本国や日本国民統合の何であると定められているか。（高知・改）
! S	15	栄典を授与することや外国の大使及び公使を接受することなど、天皇が内閣の助言と承認に基づき、国民のために行う行為のことを何というか。（北海道）
A	16	わが国の防衛を主たる任務とし、災害発生時に知事らによる派遣要請を受けて現地で救助などの災害派遣活動を行う組織は何か。（大阪）
C	17	紛争の平和的な解決を目的として、自衛隊を海外に派遣することを可能にした、1992年に制定された法律は何か。（埼玉・改）
! S	18	核兵器を「持たず、作らず、持ち込ませず」という原則を何というか。（大分）

■ 法の支配と人の支配（177ページ参照）

①法の支配　法→制限→王や政府→制定→国民

②人の支配　王・権力者→制定→法→支配→国民

解答	解説

最高法規 空
日本国憲法に反する法規は無効であるとする性質

空 この憲法は、国の(最高法規)であって、その条規に反する法律、命令、詔勅及び国務に関するその他の行為の全部又は一部は、その効力を有しない。

憲法改正の発議 短 空
各議院の総議員の3分の2以上の賛成で可決後に行われる

C 憲法改正は、憲法の最高法規性により、法律よりも厳格な手続きが採用されます。国会による発議→国民投票で過半数の賛成→天皇による公布、の流れをおさえましょう。

国民投票
憲法改正の発議後に国民が行う投票

B 国民投票に関する法律である**国民投票法**もおさえましょう。

象徴 史
天皇は国のまとまりを表す象徴で、政治に関する権限を有しない

史 天皇は、日本国の(象徴)であり日本国民統合の(象徴)であって、この地位は、主権の存する日本国民の総意に基づく。日本の天皇制である**象徴天皇制**もおさえましょう。

国事行為 史 空 選
憲法改正、法律の公布、国会の召集、衆議院の解散など(日本国憲法第7条)、天皇が行う形式的・儀礼的行為

B 空 天皇の国事に関するすべての行為には、内閣の(助言と承認)を必要とし、内閣が、その責任を負う。

自衛隊
自衛のための最小限の戦力

歴史分野で「GHQの指令で作られた警察予備隊は、現在では何という名称か」と問われることもあります。**集団的自衛権**(攻撃を受けた同盟国の防衛に参加する権利)もおさえましょう。

PKO協力法
PKO参加の基本方針を定めた法律(国連平和維持活動協力法)

歴史分野で、世界各地の紛争解決のために国連が行う**国連平和維持活動**とセットで問われることもあります。PKO協力法に基づき最初に自衛隊を派遣した国は、**カンボジア**です。

非核三原則 短
核兵器を「持たず、作らず、持ち込ませず」の原則

A 非核三原則を打ち出した**佐藤栄作**首相(1974年にノーベル平和賞受賞)について問われることがあります。

公民

■ 憲法改正の動き

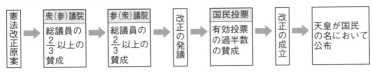

基本的人権と社会権

B **1** 一人一人の個性を尊重し、かけがえのない個人として扱うことを何というか。

B **2** 国家が特定の人にだけ利益を与えるなど異なった扱いをしない考え方を何というか。（宮城・改）

B **3** 日本国憲法13条で保障される権利で、近年は新しい人権を認める根拠とされる権利を何というか。（栃木・改）

A **4** 1989年に国際連合で採択され、わが国では1994年に批准された、子どもにも人権が保障されることを確認した条約は何か。（新潟・改）

A **5** 1997年に制定された、アイヌの人々の伝統や風習を尊重するための法律は何か。（島根・改）

A **6** 職場での男女平等、労働者の募集や昇進などの面での、男女差別の禁止が定められた法律は何か。（山形）

B **7** 男女が対等な立場で家庭、地域、政治など、あらゆる場面で活躍する社会の実現を目指して制定された法律は何か。（長崎）

B **8** 職場の休業制度を充実させるため、1999年に育児と仕事が両立しやすい環境を整えるために制定された法律は何か。（福島・改）

A **9** 高齢者や障がいのある人などが安全・快適に暮らせるよう、身体的、精神的、社会的な障壁を取り除こうという考えを何というか。（大分）

10 バリアフリーの観点で使われる、意味・概念を形で伝える記号は何か。

解答	解説

個人の尊重 史

個性を尊重し、かけがえのない個人として扱う原則

日本国憲法13条の条文問題の出題が多いです。
史 すべて国民は、〈個人〉として尊重される。

法の下の平等 空 短

すべての人々を平等に扱うこと

Ａ 空 すべて国民は、〈法の下に平等〉であって、人種、信条、性別、社会的身分又は門地により、政治的、経済的又は社会的関係において、差別されない。
一票の格差問題（191ページ参照）についてもおさえましょう。

幸福追求（権） 空

人が幸福に生きるために必要な全ての権利を保障する権利

空 生命、自由及び〈幸福追求〉に対する国民の権利については公共の福祉に反しない限り、立法その他の国政の上で、最大の尊重を必要とする。

こどもの権利条約 資

子どもにも人権が保障されていることを確認した条約

18歳未満の子どもにも人権があることを確認し、子どもの人権も国際的に保障されることになったという条約のポイントをおさえましょう。

アイヌ文化振興法

アイヌの人々の民族としての誇りが尊重される社会のために制定された法律

北海道旧土人保護法→アイヌ文化振興法→アイヌ民族支援法、というアイヌ民族に関する法律の変遷もおさえましょう。

男女雇用機会均等法 短

男女が対等な立場で活躍する社会の実現を目指して制定された法律

女子差別撤廃条約を批准したのちに制定されました。募集チラシの資料に、「男子営業社員募集」のような文言があると、男女雇用機会均等法に反すると考えられます。

男女共同参画社会基本法

あらゆる場面で男女が責任をもって対等に役割を担うことを定める法律

上記の男女雇用機会均等法と区別しましょう。SDGsではジェンダー平等の実現という目標が掲げられています。男女共同参画社会基本法の理念は、この目標とも一致しています。

育児・介護休業法

性別問わず育児・介護休暇を取得できるようにする法律

世の中の動きにあわせ、今後出題頻度が高まることが予想されます。フレックスタイム制、ワーク・ライフ・バランスもおさえましょう。

バリアフリー 短

高齢者や障がいのある人も安全・快適に暮らせるようにしようという考え

Ｓ バリアフリーを実現するための工夫について問われることがあります。段差の低い路面電車や手すりのついた階段など、具体例をおさえましょう。

ピクトグラム 短

案内用図記号ともいう

Ａ バリアフリーやユニバーサルデザインの一環として使われます。訪日外国人の増加により、ピクトグラムの導入が進みました。

公民

B 11 障がいのある人の自立と社会参画を支援するために、日本で制定された法律を何というか。（山梨）

! 12 2015年に制定された、女性役員・管理職の登用を促すために役所や企業に数値目標の設定や公表を義務づけた法律を何というか。

! B 13 日本国憲法で保障されている、自由にものを考え、意見を発表することを保障する権利を何というか。（福岡・改）

! B 14 自由権のうち、自由に職業を選んだり、財産を所有したりすることができる権利などが分類されるのは何の自由か。（宮崎・改）

B 15 経済活動の自由に分類される権利の一つで、自分の財産を持ち、それを自由に使用できる権利は何か。（茨城・改）

! A 16 基本的人権のうち、人間らしく豊かに生きる権利は何か。（山形・改）

! A 17 社会権のうち、「健康で文化的な最低限度の生活を営む権利」は何か。（静岡・改）

! A 18 社会権のうち、すべての子どもは学校で学習することができる権利は何か。

S 19 社会権のうち、人々が職業に就いて収入を得て生活を安定させ、仕事を通じて精神的にも充実した生活を送るうえで大切な権利は何か。

! B 20 労働基本権の一つで、労働者が使用者と交渉するために組織を作ることができる権利は何か。（北海道・改）

解答	解説
障害者基本法 障がいのある人の自立と社会参画の支援を目的とする法律	障害者の個人の尊厳が尊重され、障害者が社会の一員としてあらゆる分野の活動に参加する機会が与えられます。
女性活躍推進法 短 一億総活躍社会を推進するための法律	**B** 女性活躍推進法で企業に具体的な取り組みを促したねらいは、日本における男女間の賃金格差をさらに縮小することです。共生社会の実現についてもおさえておきましょう。
自由権 国家によって、不当に自由を制約されない権利	**S** 自由権には、表現の自由や職業選択の自由などがあります。**身体の自由・精神活動の自由・経済活動の自由**を区別できるようにしましょう。
経済活動の自由 職業選択の自由、財産権、居住・移転の自由などの権利	**A** 経済活動の自由には、財産権、**職業選択の自由**、居住の自由などが含まれます。
財産権 選 私有財産を持つ権利	「道路建設のために住居の立ち退きを求める」ように、財産権が公共の福祉による制約を受ける例(184ページ参照)があります。
社会権 人間らしい生活を送るための権利	**C** 下記の生存権、教育を受ける権利も、それぞれ社会権です。世界で最初に社会権を制定した憲法は、**ワイマール憲法**です。
生存権 空 健康で文化的な最低限度の生活を営む権利	**A** 空欄補充問題ではとくに「健康」「最低限度の生活」が問われます。関連して、困窮者に対して必要な保護と最低限度の生活を保障する**生活保護法**もおさえましょう。
教育を受ける権利 資 すべての子どもが学校で学習することができる権利	**D** 資マララ・ユスフザイ氏が国際連合本部で述べたスピーチ「平和に暮らす権利、尊厳のある取り扱いを受ける権利、均等な機会を得る権利、(教育)を受ける権利を求めて闘ってきた…」
勤労の権利 空 すべての人が働く機会をもつことができる権利	条文の空欄補充問題で出題されることが多いです。 空すべて国民は、勤労の(権利)を有し、(義務)を負う。
団結権 労働者が団結して行動するために労働組合を作る権利	**B** 労働三権(労働基本権)の一つです。団結権を具体的に保障するために、労働組合を結成することが認められています。

公民

S 21 労働基本権の一つで、労働者が賃金や労働条件の改善などについて使用者と話し合う権利は何か。（鳥取）

A 22 労働基本権の一つで、労働者が要求を実現させるためにストライキなどを行う権利は何か。（鳥取）

！ 23 自分自身の成長や生活の向上のために、自分に適した手段・方法を自ら選んで、生涯を通じて行う学習を何というか。

！A 24 選挙権や被選挙権など、人権の保障を確かなものにし、国民が自らの意思や判断を政治に反映させることができる権利は何か。（秋田）

A 25 人権を侵害された人々が国に要求する権利は何か。

！B 26 人権を制約する基準の一つで、社会全体の利益を意味する言葉を何というか。（山形・改）

A 27 三つの国民の義務として、子どもに普通教育を受けさせる義務、勤労の義務とあと一つ、日本国憲法で定めているものは何か。（長崎・改）

！C 28 国や地方の機関に要望する権利を何というか。（青森）

■ 公共の福祉による人権制限の例（183ページ参照）

人権	制約例	目的	法・条例
表現の自由	他人の名誉を傷つける行為	名誉	刑法
集会の自由	デモの規制	交通秩序	公職選挙法
居住・移転の自由	感染症による入院措置	健康	感染症法（身体拘束）
営業の自由	免許を持たない者の行為の禁止	健康	医師法など（資格制）
労働基本権	公務員のストライキ禁止	国民生活の利益	国家公務員法など
財産権	道路や空港建設など土地収用	私有財産の調整	土地収用法

解答	解説
団体交渉権 短 労働者と経営者が対等に交渉する権利	**A** 団体交渉権の内容が短文記述問題で問われます。労働者と使用者の間の紛争を解決する手段として認められている権利です。
団体行動権 労働者が要求を実現するためにストライキなどを行う権利	ストライキとは、労働者が団結して仕事を放棄することです。労働者が仕事を放棄すると、使用者（経営者）が困るため、労働者の要求を受け入れる可能性が高まります。
生涯学習 短 自分に適した手段・方法を選んで生涯を通じて行う学習	**B** 生涯学習を通じて得た成果を、まちづくりに活用しようという取り組みが行われている地域があります。
参政権 政治に参加する権利	**A** 被選挙権の年齢は、知事と参議院議員が30歳、それ以外（市区町村長、衆議院議員、地方議員）が25歳です。
請求権 国に対して一定の行いを求める権利	請求権には、裁判を受ける権利、国家賠償請求権、刑事補償請求権の3つがあります。
公共の福祉 他人の権利と衝突する場合の、人権の制約根拠	**B** 公共の福祉によって制限される人権には、財産権、経済活動の自由、表現の自由などが該当します。
納税の義務 国民は国に税を納めなければならないという義務	国民の三つの義務のうち、最も出題頻度が高いのが納税の義務です。税金は、国や地方公共団体を発展させるためには欠かせないため、国民の義務と定めています。
請願権 選 国や地方自治体に直接要望を訴える権利	**A** 請求権と区別して覚えましょう。請求権は、国などに人権を侵害された場合にその救済を求める権利で、請願権は、国や地方公共団体に対して政治的な要求をする権利です。

■ **ピクトグラムの例（181ページ参照）**

案内所

スロープ

エスカレーター

海外発行カード対応
ATM

障害のある人・
けが人優先席

公民

[第2章── 個人の尊重と日本国憲法]

新しい人権

A 1 新しい人権として主張される権利の一つで、住みやすい環境を求める権利は何か。

! B 2 大規模な開発や工事を行うにあたり、自然環境への影響を事前に調査することを何というか。(大阪・改)

頻 A 3 自分の生き方や生活の仕方を自分で自由に決めたり選んだりする権利を何というか。(北海道)

! 4 患者が最終決定できるように、治療方法などを医師が十分に説明して患者の同意を得ることを何というか。(宮城・改)

頻 A 5 新しい人権として主張される権利の一つで、国や地方の役所などに集まった情報を国民が手に入れることができる権利は何か。(岩手・改)

頻 A 6 個人の私生活に関する情報が不当に公開されないことなどを内容とする権利を何というか。(千葉・改)

! 7 著作物に関する権利や商標、特許、意匠などに関する権利をまとめて何というか。

頻 B 8 1948年に国際連合で採択された、各国が保障すべき人権の共通の基準を示し、人権保障の模範となっているものは何か。(長崎)

B 9 1966年に国際連合で採択された、締約国に人権の保障を義務づけた規約を何というか。(岐阜)

頻 A 10 人権保障をはじめ、軍縮、環境などの問題に取り組むために活動する組織を何というか。(新潟)

解答	解説
環境権 短 住みやすい環境を求める権利	環境権のなかで、住居の日当たりの確保を求める**日照権**が問われます。日照権に配慮されたマンションの工夫など、具体例を知っておきましょう。
環境アセスメント 短 大規模な開発の前に自然環境への影響を調査すること(環境影響評価)	Ⓑ 環境権を保障するため、大規模な開発が実施されるときに、事前に環境にどのような影響があるか調べることが必要となりました。
自己決定権 自分の生き方や生活の仕方について自由に決定する権利	自己決定権の例として、自分の脳死あるいは心臓停止後に臓器を他人に移植する意思があるかを表す**ドナーカード**や、**インフォームドコンセント**(下記)があります。
インフォームドコンセント 短 選 医師が治療方法を十分に説明して患者の同意を得ること	Ⓐ 関連知識として、セカンドオピニオン(診断や治療方法について、他の医師からも意見を聞くこと)をおさえておきましょう。
知る権利 主権者である国民が政治に参加できるよう、情報を手に入れる権利	**知る権利を保障するための法律が情報公開法、知る権利を保障するための制度が情報公開制度です。**
プライバシーの権利 資 私生活に関する情報を公開されない権利	**個人情報保護法**は個人情報の流出を防ぐための法律で、プライバシーの権利の保障につながります。
知的財産権 著作権、特許、意匠などに関する権利	Ⓐ **著作権**や**肖像権**なども、知的財産権の一つです。SNS上では、これらの権利がより侵害される機会が増えています。
世界人権宣言 すべての人が基本的人権を持っていることを宣言したもの	下記の国際人権規約と関連して問われることがあります。世界人権宣言には**法的拘束力がない**ということをおさえましょう。
国際人権規約 短 世界人権宣言に法的拘束力を付与した条約	世界人権宣言に法的拘束力を持たせたものが国際人権規約です。「規約」や「条約」には**法的拘束力がある**と覚えましょう。
非政府組織 民間人が作った、主に国際的な活動を行う団体で略称はNGO	問われているのが正式名称か略称かに気をつけましょう。非政府組織が主に地球規模の問題解決に取り組むのに対し、非営利組織(NPO)は身近な地域での社会活動を行います。

民主政治

1 国民が代表者を介することなく、直接政治に参加する制度を何というか。

A 2 代表者を選挙で選び、その代表者が話し合って決める制度を何というか。（大分）

A 3 一定の年齢（ねんれい）に達したら、納税額や性別で制限されることなくすべての国民が選挙権を得る原則を何というか。（大阪）

A 4 選挙の基本原則で、一人が一票を持つことを何というか。（宮崎）

A 5 有権者は選挙の際、投票者の指名を無記名で投票を行うことができる。この原則を何というか。（鳥取・改）

B 6 日本の衆議院議員の選挙で採用されている制度で、一つの選挙区で1名の代表を選ぶ選挙制度を何というか。

B 7 日本の衆議院議員の選挙や参議院議員で採用されている制度で、得票に応じて各政党の議席数が決まる制度を何というか。（岐阜・改）

8 比例代表制で採用されている、各政党に議席を配分する計算方式を何というか。

■ 日本の選挙制度

選挙制度	特徴	長所	短所
小選挙区制	1選挙区から1名を選出	大政党に有利で、政局が安定する	死票（当選者の決定に結びつかない票）が多くなる
大選挙区制	1選挙区から2名以上を選出	死票が少なくなる	小党が分立し、政局が不安定になる
比例代表制	政党の得票数に応じて議席を配分する精度	得票（かくとく）の少ない政党でも議席を獲得しやすい	小党が分立し、政局が不安定になる

解答	解説
直接民主制 短 国民が代表者を介することなく、直接政治に参加する制度(直接民主主義)	**C** 日本国憲法の改正に、直接民主制が採用されている理由は、**最高法規である憲法の改正には、主権者である国民の意見を直接問う必要がある**からです。
間接民主制 選 空 選挙で選ばれた代表者が話し合って決める制度(議会制民主主義、代議制)	**A** 日本では間接民主制が原則ですが、憲法改正の際の国民投票や地方自治の住民投票、都道府県知事の選出など、直接民主制も取り入れられています。
普通選挙 一定の年齢以上のすべての国民が選挙権をもつ原則	現在は、**18歳以上の男女に選挙権が付与されています。**選挙権の変遷(156ページ参照)は歴史分野でも出題されるのでおさえておきましょう。
平等選挙 一人一票投票することができる原則	普通選挙、平等選挙、秘密選挙(下記)、直接選挙(国民が代表者を直接選ぶ選挙)が選挙の4原則です。
秘密選挙 短 どの候補者や投票したかを知られないよう無記名で投票する原則	明治時代に行われていた記名投票との違いを問われることがあります。記名投票では、投票者の氏名・住所を記入する欄があることをおさえましょう。
小選挙区制 一つの選挙区から1名の代表を選ぶ選挙制度	**B** 小選挙区制の問題点は、死票が多くなることです。また、衆議院議員総選挙では、最高裁判所裁判官の国民審査が行われます。
比例代表制 得票に応じて政党の議席数を決める選挙制度	**B** 下記のドント式とセットで覚えましょう。衆議院議員選挙では、小選挙区制と比例代表制を組み合わせた**小選挙区比例代表並立制**が採用されています。
ドント式 資 比例代表制で採用される、各政党に議席を配分する計算方法(ドント方式)	計算問題での出題が圧倒的に多いので、下の計算方式を覚えておきましょう。

公民

■ ドント式の計算方法

定数5 議席→A党:3議席、B党:2議席、C党:0議席

政党	A党	B党	C党
得票数	4500	3600	900

	A党	B党	C党
÷1	4500	3600	900
÷2	2250	1800	450
÷3	1500	1200	300
÷4	1124	900	225

B　9　政権を担当し、政策の決定と実施にあたる政党のことを何というか。（北海道）

B　10　一つの政党だけでは過半数の議席を確保できない場合、複数の政党で内閣が組織される政権を何というか。（山梨・改）

A　11　政権を担当せず、政権を批判したり、監視したりする政党を何というか。（北海道）

B　12　総選挙のときに多くの政党が発表する、実施しようとする政策などを明記したものを何というか。（兵庫・改）

S　13　共通の職業や出身校、趣味などをもつ人々がコミュニケーションを深め、つながりを広げることを支援するサービスを何というか。

A　14　新聞やテレビなどから発信される情報について、的確に判断・活用できる能力のことを何というか。（山形）

A　15　テレビや新聞などに影響を及ぼす、国民のまとまった意見や考え方を何というか。（栃木・改）

S　16　情報を得る手段である新聞、テレビ、ラジオなどをまとめて何というか。（福岡・改）

B　17　当選のために多くの得票が必要な選挙区と少ない得票でも当選する選挙区で、有権者の一票に差が生じることを何というか。（佐賀・改）

C　18　選挙の方法や選挙権年齢など、選挙制度について定めている法律は何か。（愛媛）

解答	解説

与党
政権を担当する政党

C 2023年現在の与党は、自由民主党と公明党です。下記の連立政権、野党とあわせて覚えておきましょう。

連立政権
内閣が複数の政党によって構成される政権

B 関連して、3つ以上の政党が競合する**多党制**についてもおさえておきましょう。

野党 [短]
政権を担当しないすべての政党

A 野党の役割は、与党の政策を監視することです。

政権公約
選挙のとき政党が発表する、政策や目標を明記したもの（マニフェスト）

政権公約はスローガンと異なり、具体的な政策や政治目標を示すものです。選挙では、各政党の政権公約を理解し、実現可能な政策か、財源の確保は可能かなど、多角的に評価することが重要です。

SNS [短]
ソーシャル・ネットワーキング・サービスの略

略称で問われることがほとんどです。SNSの発達で、簡単にプライバシーが流出する点が問題となっています。一方、災害の際にSNSを活用し、情報をすぐに共有できるという利点もあります。

メディアリテラシー
さまざまな角度からメディアを読み取る力

B 情報リテラシー（173ページ参照）や、下記の世論、マスメディアとセットで出題されることがあります。

世論
多くの人々によって共有されている意見

A 世論の形成に大きな影響を与えるのは、新聞やテレビなどのマスメディアです。最近では、SNSも世論に大きな影響を与えます。

マスメディア
新聞やテレビなどの情報を得る手段

マスコミ（不特定多数の人へ大量の情報を伝達する媒体）と混同しないように注意が必要です。

一票の格差 [短]
議員一人あたりの有権者数に大きな差があること

B 選挙区により議員一人あたりの有権者数に大きな差があることで起こります。一票の価値が異なることから、平等権の侵害につながります。憲法14条の法の下の平等もおさえましょう。

公職選挙法 [短]
選挙の方法や選挙権を有する年齢などを定めた法律

A 公職選挙法の改正により、18歳以上の者に選挙権が与えられたことで、若い世代の政治への参加が期待されています。

公民

国会

C 1 国会だけに認められる、法律を定める権限を何というか。(滋賀・改)

! A 2 国会は、主権者である国民が選ぶ議員で構成されるため、憲法で国会の地位をどのように定めているか。(鹿児島・改)

A 3 国会以外のどの機関も法律を定めることができないことから、憲法で国会の地位についてどのように定められているか。(沖縄・改)

! 4 日本で採用されている、国会が衆議院と参議院から構成される制度を何というか。(佐賀・改)

C 5 通常、年に1回、1月に開催する国会を何というか。

! B 6 衆議院解散後の総選挙の日から30日以内に召集される国会を何というか。(奈良)

B 7 衆議院の閉会中、緊急の必要があるときに、内閣により召集される国会を何というか。(山形・改)

B 8 法律の制定について、法律案が先議の議院の議長に提出された後、審議されるのはどこか。(沖縄・改)

B 9 委員会での審議の際に開かれる、関係者や学識経験者から意見を聴取する会を何というか。(鳥取・改)

! 頻 A 10 特別国会の召集とともに内閣が総辞職することから、両議院によって行われることは何か。(青森・改)

解答	解説

りっぽう　けん
立法（権）
法律を制定する権限

立法＝国会ということをおさえておきましょう。

国権の最高機関 短 空
代表者で構成されるため、国会は国権の最高機関だといわれる

Ｃ 国会が「国権の最高機関」といわれるのは、**主権者である国民により選ばれた議員で構成される**ためです。

ゆいいつ
唯一の立法機関 空
国会だけが法律を制定できることから、国会は唯一の立法機関といわれる

以下のように、条文の内容を問われることが多いです。
空 国会は国権の（最高機関）であって、国の唯一の（立法機関）である。

に　いんせい
二院制 短
衆議院と参議院の二つの議院から構成される制度

Ｂ 二院制が採用されている理由がよく問われます。**慎重な審議が図れること**と、**より国民の意見を反映しやすいこと**をまとめて答えましょう。

つうじょう
通常国会
年に1回、1月に召集される国会（常会）

通常国会では、主に**予算の審議・議決と、法律案の議決**が行われます。

とくべつ
特別国会 短
衆議院解散後の総選挙から30日以内に召集される国会（特別会）

Ｃ 特別国会が開かれる要件は次の2つです。①内閣不信任決議の可決後、内閣は10日以内に衆議院を解散するか総辞職する②衆議院解散後40日以内に総選挙実施、30日以内に特別国会を開く

りんじ
臨時国会
衆議院の閉会中、緊急のときに、内閣により召集される国会（臨時会）

通常国会、特別国会と区別して覚えましょう。衆議院の閉会中に参議院で開かれる会議を**緊急集会**といいます。

委員会
本会議の審議前の審査を行う会議

下記の公聴会とあわせておさえましょう。委員会の審議→**本会議**での議決の手順で、法律が制定されます。法律案は、どちらの議院からでも提出できます。

こうちょうかい
公聴会 空
専門家や関係者の意見を聞く会議

委員会とあわせておさえておきましょう。委員会で十分に審議を行ったあと、本会議で議員による投票が行われ、法律案を可決するか否決するか決定します。

ないかくそうり だいじん
内閣総理大臣の指名
特別国会で、国会議員の中から指名される

Ｂ 立法、予算の審議・議決、条約の承認などと同じく、国会の仕事の一つです。両院協議会（195ページ参照）とあわせて覚えましょう。

B 11 予算の議決について、各議院がそれぞれ異なる議決をした場合に開かれるものは何か。（長崎・改）

A 頻 12 衆議院と参議院の議決が異なる場合、両院協議会で意見の調整が行われるが、それでも一致（いっち）しない場合に衆議院の意見が優先されることを何というか。（北海道・改）

C 13 証人喚問（しょうにんかんもん）を行う、政府に記録の提出を求めるなど、正しい政策の決定に必要な情報を収集する各議員の権限は何か。（香川・改）

A 14 裁判官としての職務を果たさないなど、ふさわしくない行為（こうい）をした裁判官を辞めさせるかどうかを、国会が判断する裁判は何か。（三重・改）

■ 国会の種類と法律案の成立（193ページ参照）

国会の種類	招集	決定事項	会期
通常国会（常会）	年1回1月中に招集	予算案	150日
臨時国会（臨時会）	内閣総理大臣が必要と認めるとき、いずれかの議員の4分の1以上の要求	重要法案など	両院の議決の一致
特別国会（特別会）	衆議院解散後の総選挙の日から30日以内に招集	内閣総理大臣の指名	両院の議決の一致
参議院の緊急集会	衆議院の解散中、緊急の必要があるとき	重要法案など	不定

※会期の延長は常会で1回、臨時会・特別会で2回までできる。

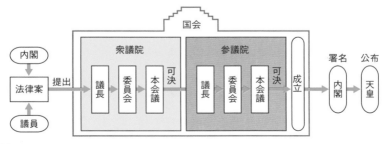

解 答	解 説
両院協議会 短 衆議院と参議院の議決が異なったときに意見を調整するための協議会	**B** どんなときに両院協議会が開かれるか、左記の内容をおさえておきましょう。予算の議決などにおいて、両院協議会でも意見が一致しない場合は、下記の**衆議院の優越**が認められます。
衆議院の優越 短 両院で意見が不一致の場合、衆議院に強い権限を認める	**A** 短 **衆議院の優越が認められる理由** →**衆議院は参議院に比べて任期が短く、解散があるため、国民の意見が反映されやすいため**
国政調査権 短 証人喚問を行うなど、内閣を調査する権限	関連して、**証人喚問**（関係者を出頭させ、国会で事実を問いただす制度）も覚えておきましょう。
弾劾裁判 短 空 裁判官をやめさせるかどうかを国会が判断する裁判	**A** 三権分立の図をもとに出題されることがあります。弾劾裁判は、国会が裁判所を抑制する制度の一つです。

■ 内閣総理大臣の指名までの動き（193・197ページ参照）

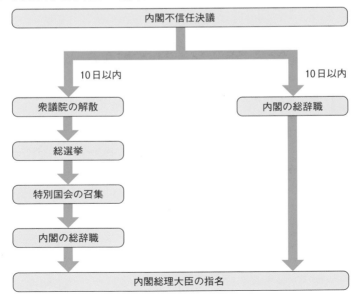

公民

195

！ A 1 国会が制定した法律や予算に基づき国の仕事を行う権限は何か。

S 2 国の行政を行使する内閣の長を何というか。

！ A 3 内閣は、内閣総理大臣及びその他の何によって組織されるか。（大阪）

B 4 内閣が政府の方針や行政の運営について審議する場で、全会一致で決定される。この会議を何というか。（愛媛・改）

D 5 内閣が、日本国憲法及び法律の規定を実施するために制定する命令を何というか。（大阪）

！ B 6 国会の信任に基づいて成立し、内閣が国会に対して連帯して責任を負う内閣のしくみを何というか。（静岡）
頻

C 7 アメリカにおいて、立法権を担う連邦議会と行政を担う大統領が別の選挙で選ばれ、独立した権限を持つ制度を何というか。

！ B 8 衆議院が現状の内閣を信用できず、行政を任せられないと考えるときに行使できる権限は何か。（佐賀）

！ B 9 内閣不信任決議が可決された場合に、内閣が国民の意思を直接問うために、国会に対して行使することができる権限は何か。（静岡・改）
頻

B 10 内閣不信任決議が可決された場合に、内閣は10日以内に衆議院を解散する。その後の特別国会で行われることは何か。

解答	解説

行政（権） 短 史
国の政治を行うこと

C 以下のように、日本国憲法の条文の内容を問われます。
空（行政権）は、内閣に属する。

内閣総理大臣 短
内閣の長（首相）

空 内閣総理大臣と地方自治の首長との選出方法の違い
→内閣総理大臣は、国民の代表者である国会の指名で選出され、地方自治の首長は、住民による直接選挙で選出される

国務大臣
内閣を構成する、各省庁の長

C 日本国憲法の条文には、**国務大臣の過半数は国会議員から選ばなければならない**と明記されています。

閣議
内閣の重要方針を決定する機関

閣議では、国家の重要事項についての話し合いが行われるため、非公開で開催されます。また閣議決定は全会一致が原則です。「閣」という字を「闇」としないように注意しましょう。

政令
政府が制定する命令

関連用語に、政令指定都市（政令で指定された人口50万人以上の都市）があります。

議院内閣制 短
国会の信任に基づき、内閣が国会に対して責任を負うしくみ

C 大統領制との違いは、行政権と立法権の独立の度合いです。議院内閣制では、内閣が国会の信任に基づくため、完全には独立していませんが、国民に直接的に選出される大統領は、議会から完全に独立しています。

大統領制 短
連邦議会と大統領が別の選挙で選ばれ、独立した権限を持つ制度

左記の意味を正しく覚えましょう。アメリカの大統領は、**連邦議会に対して法律案を提出する権限はありませんが、連邦議会を通過した法律案への拒否権限はある**こともおさえましょう。

内閣不信任決議
衆議院が現状の内閣に行政を任せられないと考えるときに行使できる権限

B 内閣不信任決議は衆議院だけが行えます。内閣が国会に対して責任を負う議院内閣制では、不可欠な制度です。下記の衆議院で内閣不信任案が可決されたあとの手続もおさえましょう。

衆議院の解散 短
内閣不信任が可決されると、内閣は10日以内に衆議院を解散できる

A 権限のもう一つは、**内閣総辞職**です。衆議院解散では、特別国会の召集→内閣総辞職→内閣総理大臣の指名という流れになります。

総辞職
内閣不信任が可決された場合に、内閣は総辞職する

内閣不信任決議が可決されると、内閣は10日以内に衆議院を解散するか、**総辞職**しなければならないことをおさえましょう。

公民

! B 11 政府の役割を最小限にとどめようとする考え方を何というか。

! 12 政府が充実した社会保障や公共サービスを提供するためには、政府はより多くの役割を担うべきであるという考え方を何というか。

! 13 政府の役割が拡大しすぎたため、無駄がない効率的な行政を目指すことを何というか。

! B 14 法律を改正するなどして、行政が許可や認可を与える権限を見直し、経済活動の活性化を促すことを何というか。（奈良）

15 文部科学省に属すもののうち、東京一極集中の是正、全国の文化の力による地方創生などの理由で2023年に京都へ移転した省庁は何か。

■ 国の主な行政機関

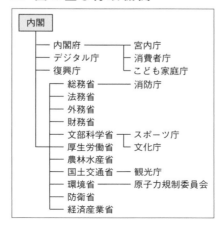

解答	解説
小さな政府 短 図 政府の役割を最小限にとどめようとする考え方(低負担・低福祉)	A 下記の大きな政府と対比して覚えましょう。小さな政府は、低負担・低福祉を、大きな政府は高負担・高福祉という違いがあります。柔軟な働き方が選べるように雇用の多様化を進める、自由な経済活動などは小さな政府の一例です。
大きな政府 短 図 政府はより多くの役割を担うべきであるという考え方(高負担・高福祉)	A 小さな政府との違いをおさえましょう。社会保障、教育など、生活の充実には、大きな政府であるべきと考えられています。
行政改革 短 大きくなりすぎた行政の仕事を整理・縮小する改革	A 行政改革の事例として、公共事業が民営化されたこと、公務員が削減されたことなどをおさえておきましょう。下記の規制緩和もあわせて理解しましょう。
規制緩和 行政が許認可権を見直し、民間企業が自由な経済活動ができるよう促すこと	B 規制緩和の事例には、これまで行政の許可が必要だった薬の販売について、許可が不要になったことなどがあります。近年では、住宅を活用して旅行者に宿泊サービスを提供する**民泊**も、規制緩和の一例となります。
文化庁 文部科学省に属する機関で、文化に関する施策を実施	東京一極集中の是正に関連して、出題が増えると考えられます。問題文の内容をおさえておきましょう。

■ 大きな政府と小さな政府

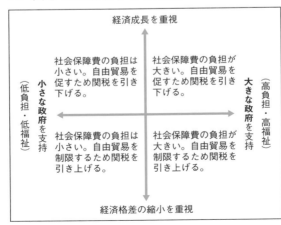

B 1 法を基準に、社会で生まれる争いや事件を解決することで、私たちの権利を守るとともに、社会の秩序を保つ役割を何というか。

A 2 裁判所のうち、違憲審査について最終的に決定する権限を持つ裁判所を何というか。（大阪・改）

B 3 都道府県に各1か所、北海道に4か所の合計50か所に設置され、開かれる裁判は、原則、第一審となり、民事裁判、行政裁判、刑事裁判を扱う裁判所を何というか。（東京）

A 4 裁判において、第一審の判決に不服であれば、上級の裁判所にさらに訴えることを何というか。（滋賀・改）

A 5 裁判において、第二審の判決に不服であれば、第三審の裁判所にさらに訴えることを何というか。（滋賀・改）

! A 6 一つの事件について、3回まで裁判を受けることができるしくみを何というか。（北海道）

! B 7 公正で中立な裁判が行われるために、裁判所に認められた権限を何というか。（静岡）

! B 8 最高裁判所の裁判官がその職にふさわしいかどうかを有権者が判断し、投票できる制度を何というか。（長崎）

A 9 個人間の紛争や企業間の紛争などを解決する裁判を何というか。（大阪）

! A 10 犯罪について有罪か無罪かを決める裁判を何というか。（大阪・改）

解答	解説
司法（権） 法律に基づいて争いや事件を解決する権限	**三権**（立法権、行政権、司法権）のうち、司法権は**裁判所**が担うということをおさえておきましょう。
最高裁判所 違憲審査について最終的に決定する権限を持つ裁判所（「憲法の番人」）	最高裁判所は、違憲審査権を持っており、その最終的な権限を持っていることから「憲法の番人」とよばれています。
地方裁判所 下級裁判所の一つで、多くの第一審が行われる裁判所	高等裁判所、家庭裁判所、簡易裁判所とあわせて4つが**下級裁判所**です。裁判員裁判が行われるのは地方裁判所であることをおさえておきましょう。
控訴 第一審の判決に不服の場合、さらに上級の裁判所に訴えること	控訴と上告はセットで問われやすいです。刑事裁判と民事裁判の流れの違いもおさえましょう。刑事裁判では第二審が高等裁判所で開かれます。
上告 第二審の判決で不服の場合、さらに上級の裁判所に訴えること	
三審制 短 同じ事件について3回裁判を求めることができる制度	Ⓐ 三審制が採用されている理由は、**慎重に判断して誤りをなくすため**です。判決確定後に、重大な誤りが発見された場合に裁判をやり直す再審という制度も覚えましょう。
司法権の独立 空 短 国の機関から独立し、圧力や干渉を受けない原則	Ⓑ 空 すべて裁判官は、その（良心）に従い独立して職権を行い、この憲法および（法律）にのみ拘束される。
国民審査 資 最高裁判所裁判官を辞めさせるかどうか国民が投票する制度	Ⓒ 国民審査の投票用紙を資料として出題されることがあります。裁判官を辞めさせるかどうかを国会が判断する**弾劾裁判**もおさえましょう。
民事裁判 個人や企業などの争いについての裁判	民事裁判では、**弁護人をつけるかどうかは任意**だということにも注意しましょう。
刑事裁判 犯罪について、有罪か無罪かを決める裁判	Ⓐ 203ページの検察官、被告人、裁判員制度とあわせておさえましょう。どの行為が犯罪にあたり、どんな刑罰が科されるか、あらかじめ法律によって定めるという原則を**罪刑法定主義**といいます。

公民

S 11 刑事事件を捜査し、被疑者を訴える役割を担うのは誰か。

A 12 刑事裁判において、検察官が被疑者を起訴すると、被疑者は何とよばれるか。（香川・改）

! S 13 警察官が被疑者を逮捕などする場合に原則として必要な、裁判官によって出されるものは何か。（栃木・改）

S 14 裁判において、当事者の利益を守るために依頼できる人は誰か。

! 15 弁護士が少ない地域でも、誰もが身近に法律相談できるようになるために設置されたものは何か。（長崎・改）

! A 頻 16 司法制度改革の一環として2009年から始まった、国民が裁判官とともに刑事裁判に参加する制度を何というか。（岐阜）

! D 17 取り調べの結果、被疑者が不起訴となったことが妥当かどうかを審査する機関を何というか。（神奈川・改）

! A 頻 18 モンテスキューが主張した、国の権力が一つの機関に集中することを防ぎ、国民の自由や権利を守るしくみを何というか。（新潟・改）

! A 19 法律などが合憲か違憲かについて、最終的に決定する権限があることから、最高裁判所は何とよばれているか。（静岡・改）

! C 20 裁判所が持つ、法律や命令、規則または処分が憲法に適合するかしないかを判断する権限を何というか。（佐賀）

解答	解説

検察官 短
刑事裁判で被告人を訴える人

被告人
刑事裁判で検察官に訴えられる人

刑事裁判と民事裁判では、訴える人や訴えられる人の名称が異なります。訴える人は刑事裁判では検察官、民事裁判では**原告**です。訴えられる人も同様に、刑事裁判では被告人、民事裁判では**被告**です。また、被告人は裁判の際、弁護人をつける権利があります。

令状
裁判官の令状がなければ、逮捕や家宅捜索などはできない

C 例外的に、令状なしで逮捕できるのは現行犯逮捕の場合（ただし、逮捕後に令状を発行）です。

弁護人
刑事裁判で被告人の弁護を行う人

弁護士は、刑事裁判や民事裁判で被告人や被告を弁護します。弁護人は弁護士に含まれます。刑事裁判で被疑者が貧困で弁護人を依頼できないときには、**国選弁護人**をつけられます。

法テラス 短 選
誰もが法律に関する相談ができる施設（日本司法支援センター）

B 法テラスの普及で、**弁護士の数が少ない地域でも相談がしやすく**なりました。

裁判員制度 短
国民から選ばれた裁判員により、刑事事件の第一審（地方裁判所）で実施。裁判官3名、裁判員6名で構成される

B 国民の感覚が裁判に反映されやすくなることで、**裁判を身近に感じ、司法への理解と信頼が深まること**が期待されています。ただし裁判員制度は重大な刑事事件で実施されるため、国民の心理的負担が大きくなることが問題点です。

検察審査会 短
不起訴となったことが妥当かを審査する機関

C 検察審査会は、検察官の職務に国民の感覚を反映させ、その適正な運営を図ることを目的として設置されました。

三権分立 短
国の権力が一つに集中することを防ぎ、国民の自由や権利を守るしくみ

B 三権分立制度の目的は、**権力を分散させて、一つの機関に集中した権力が乱用されるのを防ぐ**ことです。

憲法の番人 短
最高裁判所は、違憲審査についての最終的な決定権を持つ

C 短最高裁判所が「憲法の番人」といわれる理由
→最高裁判所は違憲審査についての最終的な決定権を持つから

違憲立法審査権 短
法律などが憲法に反していないか審査する権限

C 裁判所は、法律が憲法に反していないか、条例や行政処分が法律に反していないか審査する権限を持っています。これらをまとめて**違憲審査権**といいます。

公民

! B 1 都道府県や市町村を単位とする地域の政治には、地域の住民が主体的に関わることが大切だとする考えを何というか。(愛媛)

! A 2 地域社会の身近な問題の解決を目指すことを通じ、民主主義の経験を積むことができることから、地方自治は何とよばれるか。(千葉)

! C 3 地方公共団体が地域の実情に合った独自の活動を行うために1999年に成立し2000年に施行された法律は何か。(滋賀)

! B 4 地方議会が制定する、その地方公共団体だけに適用されるきまりを何というか。(北海道)

B 5 住民が首長と地方議会の議員という2種類の代表者を選ぶ制度を何というか。(岐阜)

! B 6 条例の制定・改廃、監査、議会の解散、首長や議員の解職を求める権利が保障されている。これらの権利をまとめて何というか。(広島)

! B 7 地方公共団体の収入に含まれる、地方公共団体が独自に集めるものを何というか。

B 8 自主財源のうち、住民が地方公共団体に納めるものを何というか。

! 9 歳入の不足を補うための地方が行う借金を何というか。

! B 10 地方財政における税収入の不均衡を是正するために、国が使い道を指定せずに地方公共団体に配分する資金を何というか。(長崎)

解答	解説

地方自治（ち ほう じ ち）

地域住民が主体でその地域を治めること

Ⓐ 地方自治は、**地方自治法**で具体的に定められています。

民主主義の学校 短

地方自治は住民の生活に身近で、意見を政治に反映させやすい

Ⓓ 地方自治は住民の生活に身近で、意見を政治に反映させやすいため、地方自治は民主主義の学校といわれています。

地方分権一括法（ぶんけんいっかつ） 短

地方公共団体が独自の活動を行うために成立した法律

Ⓒ 地域の自主的・自立的な活動を目的に、国から地方公共団体に権限を移し、地方公共団体への義務づけを緩和するために制定されました。身近な行政を地方公共団が担い、住民が地方行政に参加する**地方分権**を実現するための法律です。

条例（じょうれい） 短

地方公共団体の独自のきまり

Ⓑ 条例は、地方議会により制定されるきまりです。国会により制定される法律と区別しましょう。

二元代表制（に げんだいひょうせい）

住民が地方議員と首長の2種類の代表を選ぶ制度

地方公共団体の首長、地方議会議員は住民の直接選挙により選出されます。内閣の長である、内閣総理大臣の選出方法との違いをおさえましょう（197ページ参照）。

直接請求権（せいきゅうけん）

条例制定・改廃、監査、議会の解散、首長・議員の解職（かいしょく）を求める住民の権利

Ⓑ 直接請求に必要な署名数とその提出先について、206ページの表をおさえましょう。

自主財源（じしゅざいげん）

地方公共団体が独自に集める財源

Ⓒ 自主財源の代表例は地方税です。これに対し**依存財源**は、自主財源だけでまかなえない分を補う財源で、代表例は地方交付税交付金、国庫支出金です。

地方税（ち ほうぜい）

地方公共団体が徴収（ちょうしゅう）する税金

地方公共団体に納められる地方税は、教育、福祉など、身近なものに使われます。一方国税は、国に納められる税で、国防、宇宙開発など、幅広く使われます。

地方債（ち ほうさい） 短

地方公共団体の借金

Ⓑ 地方債や国債などの公債（こうさい）は、税収不足を補うための借金です。国の債務残高（さい む ざんだか）が増え続けていることが問題となっています。

地方交付税交付金（ち ほうこう ふ ぜいこう ふ きん） 短

地方公共団体間の財政格差を抑えるために国から配分される資金

Ⓑ 地方交付税交付金は、地方公共団体の財政格差を縮小するため、国から支給されます。地方税による収入が多い東京都など大都市は、地方交付税交付金は支給されていない、もしくは少なくなります。

公民

頻 **B** **11** 地方税などでまかなえない分を補う依存財源のうち、義務教育や道路整備など特定の費用の一部を国が負担する財源は何か。（岐阜）

! **C** **12** 住民全体の意見をくみ取るため、直接請求権に基づいて行われる住民参加の方法を何というか。（福島・改）

A **13** 特定非営利活動促進法の対象となる、営利を目的とせずに公共の利益のために社会貢献活動を行う組織を何というか。（新潟）

! **14** 自分が望む地方公共団体に、寄付という形で貢献する制度を何というか。

C **15** 企業研修や国際会議など、多くの集客とその交流が見込まれるビジネスイベントや、その開催のための大型施設の総称を何というか。（沖縄）

■ 被選挙権（185・189ページ参照）

	国会	地方公共団体
25歳以上	衆議院議員	市（区）町村長、県会議員、市（区）町村議員
30歳以上	参議院議員	都道府県知事

■ 直接請求権（205ページ参照）

直接請求権内容	必要な署名数	請求先
条例の制定・改廃の請求	有権者の1/50以上	首長
監査請求	有権者の1/50以上	監査委員
議会の解散請求	有権者の1/3以上※	選挙管理委員会
議員・首長の解職請求	有権者の1/3以上※	選挙管理委員会
副知事・副市長村（区）長、各委員の解職請求	有権者の1/3以上※	首長

解散請求、議員・首長の解職請求については、住民投票を行い、有効投票の過半数の同意があれば解散・解職される
※有権者が40万人以下の場合。

解答	解説
国庫支出金 特定の仕事の費用を国が一部負担する資金	地方交付税交付金と異なり、国庫支出金は、**使用用途が定められている**点で異なります。
住民投票 短 重要な問題について住民の意思を問う投票(レファレンダム)	**C** 住民投票は、住民の意思を直接反映することができる重要な手段です。ただし、効果については法的拘束力がありません。
非営利組織 公共の利益のための組織で主に国内で活動している団体(NPO)	NPO法(特定非営利活動促進法)はNPOの活動を支援する目的で制定されました。この法律の制定後、各地でNPO法人が設立されるようになりました。
ふるさと納税 短 自分が望む地方公共団体に寄付で貢献する制度	**B** ふるさと納税により、**全国に向けて地域特産品をアピール**できるようになりました。今後出題が増える可能性があります。
MICE 企業研修や国際会議など、多くの集客と交流を見込むビジネスイベント	MICE参加者は、通常の旅行者より、滞在期間が長く、消費額も多いため、地域への経済効果は高く、国際的認知度も高まるため、地域活性化に大きな役割を果たすと考えられています。

■ 地方の財源

① 東京都の地方税

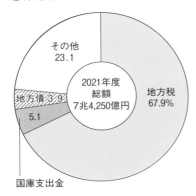

2021年度
総額
7兆4,250億円

その他 23.1
地方税 67.9%
地方債 3.9
5.1
国庫支出金

② 島根県の地方税

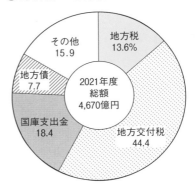

2021年度
総額
4,670億円

地方税 13.6%
その他 15.9
地方債 7.7
国庫支出金 18.4
地方交付税 44.4

(「データでみる県勢2023」より)

A 1 食品や衣類といった、形のある商品を何というか。（青森）

S 2 電車やバスの移動、散髪など形のない商品を何というか。（青森・改）

A 3 経済主体の一つであり、家族や個人など消費生活を営む経済活動の単位を何というか。（福島）

! 4 収入から非消費支出を引いた実際に使える残りのお金を何というか。

! C 5 人間が求めるものの量に対して、生産することができる商品の量が不足している状態を何というか。（兵庫・改）

! B 6 商品を売りたい人と、買いたい人の意思が一致し、売買が成立することを何というか。（新潟）

! A 7 カードの発行会社が一時的に代金を立て替えることで、手元に現金がなくても商品を購入できる手段を何というか。（岡山・改）

B 8 1962年に、安全を求める権利や知らされる権利など「消費者の四つの権利」を示したアメリカ合衆国の大統領は誰か。（大阪）

! A 9 頻 特定の販売方法において、一定期間内であれば契約を取り消すことができる制度を何というか。（栃木）

! A 10 頻 消費者の保護・救済のため、商品の欠陥などで消費者が被害を受けたときの損害賠償の責任を、製造する企業に負わせることを定めた法律を何というか。（鹿児島）

解答	解説
財 形のある商品	財には食品、衣類などが含まれます。
サービス 形のない商品	サービスには医療、旅行などが含まれます。財とサービスの違いは、形がある商品かそうでない商品かという点にあります。
家計 図 個人や同居している家族など、経済活動の単位	経済活動の主体は、家計、企業、政府です。家計は企業に、労働力・代金を提供し、企業は家計に財やサービス・給与を提供します。政府は家計に公共サービスを、企業に公共事業や公共サービスを提供し、企業や家計は、政府に税金を納めます。
可処分所得 短 「収入－非消費支出」の残りのお金	A 短 大都市に人口が集まる理由について、一人当たりの可処分所得に注目して答えなさい →高い収入を得るために、都市に人が集まるから
希少性 人間が求めるものの量に対して、生産できる商品の量が不足している状態	A 希少性が高いということは、需要が供給を上回ることを意味します。希少性が高いものの価格は高くなります。
契約 短 売る側と買う側の意思が一致したときに成立する	A たとえば、試合会場のネーミングライツ契約における企業側の利点は、**社会貢献活動の実践、宣伝効果が得られること**などです。結果として、企業が社会的責任を果たすことにもつながります。
クレジットカード 短 空 カード会社が一時的に代金を立て替え、現金なしで商品を購入する手段	A 現金以外の支払い方法は、**電子マネーやプリペイドカード**などの前払い方法、**PayPayなどのキャッシュレス決済**があります。
ケネディ 選 アメリカ合衆国大統領で、消費者の四つの権利を示した	消費者の四つの権利は、**安全を求める権利、知らされる権利、選択する権利、意見を反映させる権利**です。
クーリング・オフ 短 一定期間内であれば契約を取り消すことができる制度	A クーリング・オフの対象になるのは訪問販売や電話勧誘販売などです。
製造物責任法 短 選 消費者保護のため、商品の欠陥などで消費者が被害を受けたとき、賠償責任を企業に負わせるとした法律（PL法）	S 製造物責任法は、商品に欠陥があれば、その責任が企業にあることを明確に定めたものです。買ったばかりの商品が壊れていた場合、責められるのは消費者ではなく、企業だということになります。

公民

C 11 不当な勧誘(かんゆう)などで消費者が結んだ契約について、取り消すことができるとする法律は何か。（鹿児島・改）

! B 12 2004年に改正された、消費者の権利や自立の支援などの基本理念を定めた法律を何というか。（大分・改）

A 13 消費者行政を一元化するため、2009年に設置された省庁を何というか。（青森）

! A 14 商品が、生産者から卸売業者(おろしうり)や小売業者などをへて、消費者のもとへ届く過程を何というか。（大阪・改）

A 15 生産者から商品をまとめて購入し、他の業者に売る仕事を何というか。

! S 16 卸売業(おろしうり)から仕入れた商品を消費者に売る仕事を何というか。

! C 17 商品のバーコードをレジで読み取り、販売された商品のデータを集計するシステムを何というか。

! 18 売る側と買う側とをインターネットなどで直接結ぶ販売方法を何というか。

■ 流通のしくみ

解答	解説
消費者契約法 不当な勧誘などによる契約の取り消しを認める法律	消費者契約法により、契約の取り消しや無効の範囲が拡大されました。
消費者基本法 1968年に制定された消費者保護基本法を改正したもの	**D** 消費者契約法は不当な契約から消費者を保護する法律、消費者基本法は消費者の権利を尊重して消費者を保護する法律です。消費者には商品情報を収集し、判断する義務もあります。
消費者庁 2009年に設置された省庁。内閣府に属する	消費者庁には、消費者問題に対応する役割があります。消費者問題には、販売トラブル、架空請求、振り込め詐欺などがあります。
流通 短 工場や産地で生産された商品を購入するまでの流れ	**A** 生産者から直接消費者に届く流通経路の利点について問われたら、仕入れや販売に**かかる経費が少なくなる**ことをおさえて答えましょう。
卸売業 短 図 生産者と小売業をつなぐ業者	近年、卸売業を介せず、生産者から直接商品を仕入れる場合もあります。経費削減により流通の合理化を図ることができます。
小売業 短 商品を直接消費者に販売する業者	**B** 大規模小売業者が流通のしくみを変えることで、流通にかかる費用が削減されます。
POSシステム 短 バーコードを読み取り、商品や購入者の情報を記録するシステム	**B** POSシステム活用の利点は、**よく売れる商品を知ることで、費用の削減などが期待でき、流通の効率化を図ること**です。
オンラインショッピング 短 売る側と買う側とをインターネットで直接結ぶ販売方法	**C** 店まで足を運ぶことなく、商品を24時間購入できるという利点と、実際に商品を手に取ることができないという欠点をおさえておきましょう。

公民

■ POSシステム

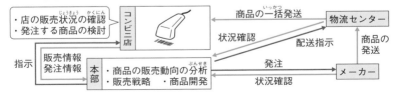

株式会社と企業

A 1 生産活動の目的は、収入から原材料などの費用（コスト）を引いた残りのものである。これを何というか。（青森・改）

B 2 新しい商品を生産したり、品質を向上させ生産費を引き下げたりするなど、企業が画期的な技術の開発を行うことを何というか。（栃木）

！A 3 企業のうち、利潤を目的とする株式会社を何というか。（岐阜）

頻 B 4 新たに起業し、新しい技術を元に革新的な事業を展開する中小企業を何というか。（福島）

！C 5 企業は利潤を追求するだけではなく、教育、文化、環境保全などの活動にも責任を果たすべきだという考え方を何というか。（福井）

A 6 企業が資金を調達するために発行するものを何というか。（千葉）

！頻 A 7 株主が持っている株式数に応じて、利潤の一部を受け取ることのできるものを何というか。（福岡・改）

頻 A 8 会社の経営方針や役員を決定する、株式会社の最高意思決定機関を何というか。（福島・改）

B 9 東京、名古屋、福岡などに設けられ、株式や債券の売買が行われる特定の施設を何というか。（青森）

！ 10 株式会社が倒産した場合、株主は出資金を失うだけで、それ以上の責任を負うことはないことを何というか。（宮崎）

解答	解説

利潤 短
生産活動の目的で、収入から原材料などの費用(コスト)を引いた残り

企業は、利潤の追求を目的として活動しています。左記の意味と、下記の配当を一緒におさえておきましょう。

技術革新
企業が画期的な技術開発を行うこと(イノベーション)

日本は資源に乏しいため、技術で経済を支えてきました。問題では「技術革新」と「イノベーション」のどちらでも答えられるようにしておきましょう。

私企業 短
利潤を目的とする企業

S 私企業が利潤の追求を目的とするのに対し、公企業は利潤の追求を目的としません。医療、教育などの公共サービスや公共施設などの社会資本は、利潤を生むのが難しく、市場では供給されにくいため、私企業ではなく、政府が提供します。

ベンチャー企業
新たな技術やビジネスモデルで挑戦する企業

ベンチャー企業は、独自のアイデアや技術を持つ、新しい企業です。技術革新により、大きく成長する可能性があります。

企業の社会的責任
利潤だけでなく、社会にも貢献すべきであるとすること(CSR)

B **略称のCSRも問われます。**企業は、規模が大きくなるほど、社会に及ぼす影響も大きくなるため、雇用を確保し、人々の生活を安定させるといった役割を果たす必要があります。

株式
資金を投資した人の権利・義務を定めた証書

株式会社は、株式を発行して資金を集める会社です。これは、貸し手と借り手の間で、銀行などの金融機関を介して、資金の貸し借りを行う、間接金融にあたります。

配当 図 短
保有する株式数に応じて会社が支払う、利益の一部

B 下のような模式図で問われることが多いです。

株主総会
経営の基本方針などの決定機関

証券取引所
株式や債券の売買を行う施設

企業の発行した株式を売買する市場を**株式市場**といいます。証券取引所で取引されるのは、株式を公開している会社の株です。ほかの証券取引所にジャスダック、マザーズなどがあります。

有限責任 短 空
会社が倒産したら、株主は出資金を失うがそれ以上責任を負わないこと

B 有限責任の対義語が、**無限責任**です。無限責任とは出資金だけでなく、債務の返済責任まで負うことです。

B 1 労働者が使用者と労働条件などについて交渉するために結成する組織を何というか。（北海道）

A 2 労働者の権利を守るため、働く時間や休日、賃金の支払い方法などを定めた法律を何というか。（沖縄）

A 3 豊かで健康な人生を送るために求められる「仕事と家庭生活の両立」を表す言葉を何というか。（沖縄）

A 4 日本の多くの企業で採用されてきた、一つの企業で定年まで働くことを何というか。（沖縄）

B 5 日本の多くの企業で採用されてきた、年齢とともに賃金が上昇するしくみを何というか。（北海道）

S 6 労働者のうち、パート・アルバイトや派遣労働者などを何というか。（福井・改）

7 経済的な問題に備え、個人や企業を救済するための制度を何というか。（千葉）

8 生産性を向上させつつ、労働時間を減らし経済格差をなくすため、政府が実施する働き方を見直す改革を何というか。

9 情報通信技術を活用し、自宅や移動中など場所を問わず柔軟に働くことを何というか。

解答	解説

労働組合 短
労働者が使用者と労働条件を交渉するための組織

B 労働組合の目的を問われたら、労働条件の維持・改善を図ることと記述しましょう。

労働基準法 資
労働条件の最低基準を定めた法律

C 法律の資料を使った出題が多いです。労働三法には、労働基準法、**労働組合法**、**労働関係調整法**があります。

ワーク・ライフ・バランス 短
仕事と家庭生活の両立

S 個人の生き方に応じて多様な働き方ができるよう、働き方改革が推進されていることもおさえましょう。

終身雇用
一つの企業で定年まで働くこと

日本企業では、終身雇用や年功序列賃金が主でしたが、近年はグローバル化によって能力主義や成果主義が取り入れられるようになりました。

年功序列賃金
年齢とともに賃金が上昇すること

成果主義とは仕事の結果に応じて賃金を支払う制度です。

非正規労働者 短
契約社員・アルバイト・派遣社員などの労働者

B 多様な働き方を求め、非正規労働者として働く人が増えています。労働者が出退勤時刻や働く時間を決定できる**フレックスタイム制**を導入する企業もあります。

セーフティネット 選 短
失業者の生活を保障したり職場を紹介したりするなど、働く権利を守る社会のしくみ

B 失業した人の生活を保障する、新たな産業を育成するなど、働く権利を守る努力が求められます。例として、同一労働同一賃金の実現、職業訓練、ハローワーク(公共職業安定所)で仕事のあっせんを行う、などがあります。

働き方改革 短
生産性を向上させつつ、長時間労働や経済格差をなくす取り組み

B 働き方改革の例を問われたら、フレックスタイム制を導入することや、残業時間に上限を設定することなどを記述できるようにしましょう。

テレワーク
時間や場所にとらわれない働き方。在宅ワークともいう

新型コロナウィルスが流行したとき、テレワークを導入する企業が増加しました。また、テレワークにより、通勤時間が削減され、ワーク・ライフ・バランスの実現にもつながります。

公民

! A 1 需要量と供給量がつり合ったときの価格を何というか。（北海道）

! 頻 2 市場の需要と供給の関係で決まる価格を何というか。

! 3 市場での競争の結果、商品を供給する企業が1社しかない状態を何というか。（香川・改）

! A 4 市場での競争の結果、商品を供給する企業が少数しかない状態を何というか。（香川）

! A 頻 5 企業が不当な価格協定を結ぶことを禁止するなど、市場における企業同士の公正かつ自由な競争を促進するために制定された法律を何というか。（栃木）

! B 頻 6 市場の独占を規制して自由競争を促すために、独占禁止法に基づいて監視や指導を行う国の機関を何というか。（宮城）

! A 頻 7 国や地方公共団体の決定や認可により、市場に左右されずに決まる価格を何というか。（香川）

■ 政府、企業、家計の関係

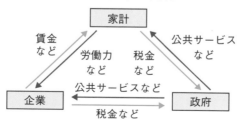

解答	解説
均衡価格 図 需要量と供給量が一致した価格	Ⓐ **需要量**と**供給量**のグラフが出題されます。需要曲線と供給曲線の交点が均衡価格なので、読み取れるようにしましょう。
市場価格 短 実際に取引されるときの価格	Ⓐ 市場で自由競争が行われているとき、市場価格は均衡価格で安定します。入荷量と価格の関係で問われることもあるので、促成栽培と抑制栽培（51ページ）についてもおさえましょう。
独占 短 市場で1社だけが商品を供給する状態	Ⓑ 市場が独占状態になったときの影響が問われたら、**競争がなければ、値段は上がる**ことが記述のポイントです。
寡占 短 市場で商品を供給する企業が少数の状態	Ⓑ 寡占化が進むと、少数の企業が商品の価格を決めることになり、消費者には不利になります。寡占の例としては、携帯電話、ビール、パソコンなどがあります。
独占禁止法 短 企業同士が話し合いなどをして、競争を制限する行為を禁止する法律	Ⓐ 独占禁止法の目的は、**企業間の自由な競争を促し、消費者の利益を確保する**ことです。1945年の財閥解体のあと、財閥のような巨大企業の出現を防ぐために、独占禁止法が制定されました。
公正取引委員会 自由競争を促すため、独占禁止法に基づいて監視や指導を行う機関	Ⓒ 独占禁止法などを運用し、公正に経済活動が行われるよう監視する機関が公正取引委員会です。独占禁止法とセットでおさえましょう。
公共料金 短 選 国や地方公共団体の決定や認可により、市場に左右されずに決まる価格	Ⓐ 電気、ガス、水道、鉄道の運賃など、多くの人が利用するサービスについて、企業が自由に価格設定できると、消費者に不利になる場合もあります。そこで国や地方公共団体が認可したり、上限を定めたりします。

公民

■ 需要・供給と価格変動

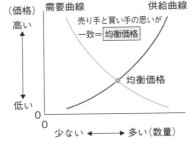

（価格）

高い

需要曲線　供給曲線

売り手と買い手の思いが
一致＝均衡価格

均衡価格

低い

0

少ない ←→ 多い（数量）

このままでは
売れ残ってしまう
・価格を下げる
・供給量を減らす

どんどん
売れていく
・価格を上げる
・供給量を増やす

C 1 企業などが株式や債券を発行することで、出資者から資金を借りることを何というか。（青森）

A 2 金融機関を仲立ちとして資金を調達する方法を何というか。（千葉）

D 3 銀行などの金融機関に預けられているお金で、日本の通貨の約90%を占めるものは何か。

A 4 資金の借り手が銀行に対して借り入れた金額（元金）以外に、一定期間ごとに支払わないといけないものを何というか。（神奈川）

5 銀行・信用金庫・農業協同組合、損害保険会社や生命保険会社などをまとめて何というか。

A 6 流通するお金（通貨）の総額を管理するなど、さまざまな役割を果たす日本の中央銀行は何か。（宮崎・改）

B 7 日本銀行は、日本の紙幣を発行する役割をもつことから何とよばれるか。（沖縄・改）

A 8 異なる場所にいる二者間での債権、債務の決済を、現金を輸送することなしに、同一地域内で生産できるように振替えるしくみを何というか。

9 情報通信技術の発展とともに、金融と技術を組み合わせたものを何というか。

解答	解説
直接金融 短 借り入れの証明書を購入し、直接お金を借りるしくみ	**C** 金融とは、資金が不足している人と余裕がある人との間の資金の貸し借りのことです。企業が株式を発行して資金を集めたり、政府が債権を発行して資金を集めたりすることは、直接金融にあたります。
間接金融 金融機関が間に入り、貸す側から集めたお金を借りる側に融通するしくみ	**C** 資金の貸し借りの仲立ちをするのが、銀行や保険会社です。こうした金融機関が間に入って資金を集めるものが間接金融、そうでないものが直接金融です。
預金 人々の貯蓄を集めること	日本の通貨の約9割は預金です。
利子（利息） 借り入れた元金に上乗せして、一定の期間ごとに支払う対価	**C** 預金のときの利子は低く、借り入れのときの利子は高くなります。なお、元金に対する利子の比率を金利といいます。
金融機関 資金の貸し借りの仲立ちをする機関	**B** 金融機関の例として、銀行や保険会社があります。
日本銀行 日本における中央銀行	**B** 日本銀行は日本の**中央銀行**です。一つの国や地域で、中心的な役割を担う銀行が中央銀行です。
発券銀行 紙幣を発行できる銀行	日本銀行の役割は、発券銀行以外に、政府の銀行（政府が管理するお金を取り扱う銀行）、銀行の銀行（一般の銀行と取引する銀行）の3つがあります。
為替 安全に素早くお金を移動させるしくみ	通貨と通貨の交換比率を**為替相場**といいます。あわせて覚えておきましょう。
フィンテック 短 ファイナンスとテクノロジーを融合した造語	**フィンテックの例として、キャッシュレス決済**やスマートフォンを使った送金などがあげられます。キャッシュレス決済には、支払いが簡単という利点もありますが、お金を使いすぎる、悪用されるおそれがあるなどの欠点もあります。

公民

景気変動

! B 1 好況（好景気）と不況（不景気）が交互にくり返されることを何というか。

! A 2 好景気が行き過ぎ、物価が上がり続ける現象を何というか。（茨城）

A 3 不景気のとき、物価が下がり続ける現象を何というか。（栃木）

! B 頻 4 物価の変動を抑えて景気を安定させるために日本銀行が行う政策を何というか。（茨城・改）

! 頻 5 日本銀行が行う金融政策の一つで、銀行に国債や手形などを売買することにより、市場の通貨量を調節することを何というか。

! C 頻 6 貿易をする際、自国の通貨と相手国の通貨を交換する比率を何というか。（鳥取）

! A 7 世界各地に工場をもち国境を越えて活動する企業を何というか。（宮城）

! D 8 所得の多い人から税を多く徴収し、社会保障政策などを行うことで所得の格差を調整することを何というか。

解答	解説

景気変動 図
社会全体の需要と供給の動きに応じて好景気と不景気を繰り返す

Ⓑ 好景気(好況)→後退(不況)→不景気(不況)→回復のサイクルです。好景気のときは、物価が継続的に上昇するインフレーションが、不景気のときは物価が継続的に下落するデフレーションが起こります。政府は財政政策を、日本銀行は金融政策を行い、景気を調整します。

インフレーション
好景気が行き過ぎ、物価が上がり続ける現象(インフレ)

Ⓑ 歴史分野でも出題があります。貨幣量が増えて貨幣価値が下がることで、物価が上昇する、ということをおさえておきましょう。

デフレーション
不景気のとき、物価が下がり続ける現象(デフレ)

歴史分野でも出題があります。貨幣量が減って貨幣価値が上がることで物価が下がる、ということをおさえましょう。なお、給料などが上がらず、物価が下がり続ける現象を**デフレスパイラル**といいます。

金融政策 短 空
物価の変動を抑えて景気を安定させるために日本銀行が行う政策

Ⓑ 金融政策の一つに、下記の公開市場操作があります。銀行は国債を売買して、資金の流通量を調整しています。

公開市場操作
国債や手形などを銀行と売買することにより、市場の通貨量を調節すること(〈オープンマーケット〉オペレーション)

Ⓑ 日本銀行は、好景気のとき、銀行に国債を売ります(売りオペ)。一方不景気のときは、銀行から国債を買います(買いオペ)。

為替相場 短
貿易において、自国の通貨と相手国の通貨を交換する比率(為替レート)

Ⓑ 為替相場は、需要と供給の関係で変化する変動為替相場制となっています。1ドルが120円から100円になると、1ドルあたりの円の価値は上がります(円高)。1ドルが100円から120円になると、1ドルあたりの円の価値は下がります(円安)。

多国籍企業 短
世界各地に工場をもち、国境を越えて活動する企業

Ⓐ 海外に企業を進出する理由を問われたときは、**地価が低く、安い労働力をたくさん確保できる**からということをおさえましょう。

所得の再分配 選
所得の極端な格差を調整する役割

Ⓑ 財政の役割は、所得の再分配以外にも資源配分、経済の安定化などがあります。

公民

! B 1 国に納める税のうち、個人の所得にかけられる税金を何というか。

B 2 国に納める税のうち、会社の所得にかけられる税金を何というか。

! B 3 税を負担する人と納める人が一致する税を何というか。(愛媛・改)

! A 頻 4 商品を買うときなどに代金とともに負担する税を何というか。(沖縄・改)

! B 頻 5 消費税のように、税金を納める人と税金を負担する人が一致しない税を何というか。(茨城)

! A 頻 6 所得税において所得が多い人ほど高い税率が適用される制度を何というか。(兵庫)

! C 頻 7 国民生活や産業活動の基盤となる公共施設を何というか。(山形)

! B 頻 8 政府が増税や減税を行ったり、公共投資を増減させたりする政策を何というか。(鳥取)

! B 9 国の借入金で、借金の証書として発行する債券を何というか。

! 10 所得が低くなるほど所得に占める税の負担の割合が高くなる現象を何というか。(大阪・改)

解答 | 解説

所得税
個人の所得にかけられる税金

Ⓐ 所得税は**国税**の一種です。国税とは、国に納める税で、政府の税収入に大きく寄与しています。

法人税
会社の所得にかけられる税金

税には、所得税のほか、法人税も含まれます。所得税と法人税の違いは、納税する対象者が個人か法人かという点にあります。

直接税
税金を納める人とその税金を負担する人が同じ税

Ⓑ 以下の税の分類について、おさえましょう。

	直接税	間接税
国税	所得税・法人税	消費税・関税
地方税	都道府県民税	地方消費税

消費税 短
商品を買うときなどに代金とともに負担する税

Ⓑ 消費税が導入され、**1円玉の発行数が急増した**こともおさえましょう。消費税の問題点は、所得が少ない人ほど負担が大きくなることです。

間接税 短
税金を納める人と負担する人が異なる税

Ⓑ 直接税と間接税の違いは、納税者と税負担者が一致しているかどうかです。間接税は景気変動の影響を受けにくいということもおさえましょう。

累進課税 短
所得が多い人ほど高い税率が適用される制度

Ⓐ 累進課税制度により、高所得者から低所得者への所得の再分配が行われています。

社会資本 空 短
国民生活や産業活動の基盤となる公共施設。インフラともいう

Ⓑ 社会資本の例として、公園や公民館などがあげられます。このような施設では利益を出すことが難しいため、政府が整備を行います。

財政政策 空
政府が行う経済政策

Ⓐ 財政政策は政府が行う経済政策、金融政策は日本銀行が行う経済政策です。好景気のとき、政府は増税し公共事業を減らし、不景気のとき、政府は減税し公共事業を増やします。

国債
国の借入金で、借金の証書として発行する債券

Ⓒ 国や地方公共団体の借金、証券を**公債**といいます。国債の発行に慎重なのは、税金による利子の支払いや元金の返済が必要だからです。

逆進性
低所得者の税負担が大きくなること

Ⓓ 消費税などの間接税では、収入に関わらず、税負担が同等になるため、低所得者ほど税負担が大きくなります。

公民

S 1 病気や失業などで生活ができないときに、国が生活を保障するという考え方を何というか。

B 2 社会保障制度のしくみにおいて、国民年金などの年金制度が含まれるものを何というか。（新潟）

B 3 社会保険料を支払っている人が生活に介助が必要になったときに、利用できる制度を何というか。（三重・改）

B 4 収入が少なく生活が困難な人に対して、生活費等を給付する制度を何というか。（福島）

A 5 高齢者や障がい者など、社会的弱者になりやすい人々を支援する制度を何というか。（岡山・改）

A 6 人々が健康で安全な生活を送ることができるように、生活環境の改善や感染症の予防などを行うことを何というか。（岡山）

S 7 災害時に自分自身や家族を守ることを何というか。（鳥取）

A 8 災害時に国や県、市町村などが被災者の援助や支援を行うことを何というか。（鳥取）

S 9 災害時に住民どうしが協力して助け合う行動を何というか。（鳥取）

| 解答 | 解説 |

社会保障 短
社会全体でお互いに生活を支え合うしくみ

C 社会保障給付費の資料から、少子高齢化が進み、歳出に占める社会保障費の割合が大きくなっているという課題を導き出す問題があります。社会保障制度は、生存権を保障するための具体的な制度です。

社会保険
病気、失業などによって、収入がなくなることに備え、保険料を支払い、必要なときに給付される制度

社会保険には、医療保険、年金保険、介護保険、健康保険、雇用保険、厚生年金、国民年金などがあります。

介護保険制度 短
生活に介護が必要なときに、介護サービスの費用の一部を負担する制度

B 介護保険は、40歳以上になると加入が義務づけられます。

公的扶助
最低限の生活を送ることが困難な人に対して、生活費等を給付する制度

A 公的扶助の代表例は生活保護です。下記の社会福祉と混同しやすいので注意しましょう。

社会福祉
子どもや障がいのある人や高齢者の生活を支援する制度

社会福祉の対象となるのは、高齢者や障がい者、保護者のいない子どもなどです。上記の公的扶助と混同しやすいので注意しましょう。

公衆衛生 選
国民の健康を増進し、感染症の予防などを行う制度

A 公衆衛生の例が選択問題で問われやすいので、公害対策、廃棄物処理、感染症対策などをおさえておきましょう。

自助
災害時に自分自身や家族を守ること

公助
災害時に公共機関が被災者の援助や支援を行うこと

A 自助の具体的な内容に、災害についての正しい知識を得ること、食料等を備蓄しておくこと、防災訓練等に参加することなどが挙げられます。
公助の具体的な内容に、防災体制を強化すること、地域住民と行政の力を結集するしくみを作ることなどが挙げられます。
共助の具体的な内容に、地域主導で防災訓練を実施すること、地域の防災計画を策定すること、防災組織・自治会・企業などとの連携を図ることなどが挙げられます。

共助
住民どうしが協力して助け合う行動

公民

公害問題

	1	亜硫酸ガスなどの大気汚染が原因で、三重県で起きた公害病を何というか。
C	2	神通川流域の水質汚濁が原因で起きた公害病を何というか。（千葉）
A	3	急速に進んでいる環境破壊を防止し、調和のとれた環境を保持していくことを何というか。
B	4	1993年に国が制定した、公害対策基本法を発展させ、環境保全に対する社会全体の責務を明らかにした法律を何というか。（福島）
	5	2001年に設置された公害対策や自然環境の保護を専門的に扱う省庁を何というか。
B	6	3Rのうち、ごみの発生を減らす取り組みを何というか。（福島）
S	7	ペットボトルを分別して回収することで、再資源化を図る取り組みを何というか。（香川）
A	8	限りある資源を有効に使い、環境への負担を減らす社会を何というか。（愛媛）
B	9	経済活動の規模をはかる尺度として用いられる、国内で一定期間に生産された財やサービスの付加価値の合計を何というか。（栃木）
D	10	消費者が各自で社会的課題の解決を考慮し、またそうした課題に取り組む事業者を応援しながら消費生活を行うことを何というか。（青森）

解答	解説

四日市ぜんそく 地
大気汚染が原因で起きた三重県の公害病

四大公害病は、四日市ぜんそく（三重県）、水俣病（熊本県、鹿児島県）、新潟水俣病（新潟県）、イタイイタイ病（富山県）です。それぞれの公害が発生した地域を、地図上で確認しておきましょう。
Ⓐ イタイイタイ病の原因はカドミニウムです。

イタイイタイ病
神通川流域で起きた公害病

環境保全 短
環境破壊を防止し、調和のとれた環境を保持していくこと

Ⓐ 観光地の環境保全の取り組みの一つ、**エコツーリズム**は、地域独自の自然環境や歴史・文化などを観光客に伝えて価値を理解してもらい、環境保全につなげることを目指す取り組みです。

環境基本法
1993年に制定した、環境保全に対する社会の責務を明らかにした法律

法律制定の経緯として、四大公害病の発生→**公害対策基本法**→環境基本法の流れをおさえましょう。

環境省
2001年に設置された公害対策や自然環境の保護を専門的に扱う省庁

1971年に環境庁設立、2001年の省庁再編で環境省に、という流れをおさえましょう。

リデュース
使い捨て商品を使わずにごみを減らす取り組み

3Rとは**リデュース**、**リユース**（一度利用したものや製品を再使用する）、**リサイクル**です。

リサイクル
ごみを資源として活用する取り組み

Ⓐ リサイクルの取り組み例として、レアメタルの回収、携帯電話などの回収などが挙げられます。

循環型社会 短
資源の消費を抑え、環境への負担をできるだけ減らす社会

Ⓒ **循環型社会形成推進基本法**が制定され、循環型社会を目指す基本的な枠組みが明示されました。

国内総生産
国内で一定期間に生産された財やサービスの付加価値の合計（GDP）

国民総生産（GNP）、**国民総所得**（GNI）と区別しましょう。国民総生産は、海外の日本企業が生産した財やサービスも含んだ合計額です。国民総所得は、国内総生産から各国が外国に支払った所得を除き、外国から受け取った所得を加えたものです。近年はGDPとGNIが使われます。

エシカル消費
環境や社会、人に配慮した商品を選んで消費すること

エシカル消費の代表例がフェアトレードです。フェアトレードによって開発途上国の生産者が適正な収入を得られるようになり、その人たちの生活改善につながります。

公民

領 域 と 領 土 問 題

B 1 領土、領海、領空の要素をもつ、国家の主権が及ぶ範囲は何か。(栃木)

D 2 独立した国家は、他国に支配・干渉されず、国の政治や外交について自ら決める権利をもつ。この権利を何というか。(秋田)

! A 領 3 領海を除いた海岸線から200海里の範囲で、沿岸国が資源を利用できる権利をもつ海域を何というか。(長崎・改)

A 4 どの国の船も自由に航行・漁業ができる海域を何というか。(愛媛)

! C 5 国と国とが結ぶ条約や、長年の慣行で守られている国家間のきまりを何というか。(秋田・改)

! S 6 日本と近隣諸国との間の領土問題の一つで、韓国に不法占拠されている場所はどこか。(佐賀・改)

! S 7 日本と近隣諸国との間の領土問題の一つで、ロシアに不法占拠されている場所はどこか。(鹿児島・改)

A 8 19世紀末に日本の領土に編入されたが、国連機関の調査で、この地域の海底に石油資源がある可能性が指摘された後、中国が領有権を主張した地域はどこか。(佐賀)

■ 日本の領域

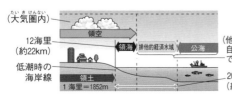

(大気圏内)
領空
12海里
(約22km)
低潮時の
海岸線
領土
1海里=1852m
領海
排他的経済水域
公海
(他国の船も
自由に航行
できる)
200海里
(約370km)

■ 日本の排他的経済水域

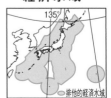

135°
●排他的経済水域

解答	解説
領域 図 主権が及ぶ範囲	領土・領空・領海をあわせて領域といいます。
主権 国の政治や外交について自ら決める権利。主権を持つ国を主権国家という	主権には、①国の政治について最終的に決定する権利②他国に干渉されず、政治や外交について決定する権利③国の領域を治める権利の3つの意味があります。
排他的経済水域（EEZ） 領海を除く海岸線から200海里は沿岸国が資源を利用できる権利をもつ	**B** 排他的経済水域は200海里経済水域ともよばれ、沿岸国に認められる権利です。排他的経済水域を守るために、沖ノ鳥島の護岸工事が行われました。
公海 図 排他的経済水域の外の海域	公海はどの国の主権にも属さず、どの国も自由に利用できるという**公海自由の原則**が適用されます。
国際法 条約や国家間のきまりの総称	**条約**（国家間の合意で、文書で記されたもの）や**国際慣習法**（国家間の合意で、文書で記されていないもの）などをまとめて国際法といいます。
竹島 地 島根県にある島で、韓国が不法占拠している	**B**「竹島が日本の領土である」という主張の根拠がサンフランシスコ平和条約にあるというのが、日本の主張です。
北方領土 北海道にある日本固有の領土でロシアが不法占拠している	**A** 鳩山一郎内閣により、ソ連と国交の回復を宣言する日ソ共同宣言が締結されましたが、北方領土の問題が未解決であることから、平和条約の締結には至りませんでした。
尖閣諸島 地 沖縄県にある日本固有の島で、中国が領有権を主張している	中国は、日中国交正常化や日中平和友好条約締結の交渉時に、尖閣諸島の領有権問題の棚上げが日中間で約束されたと主張しています。

■ 日本が抱える領土問題

竹島
〈韓国〉

北方領土
〈ロシア〉

尖閣諸島
〈中国〉

公民

B 1 1945年に設立された国際組織で、世界の平和と安全の維持を目的とする組織は何か。

C 2 国際連合のうち、加盟国すべてが参加し、年一回定期的に開かれる組織は何か。（宮崎）

! A 3 国際連合のうち、国際紛争の解決方法を勧告したり、平和を脅かす事態に制裁を加えたりする組織は何か。（東京・改）

! 4 安全保障理事会の構成国のうち、アメリカ、ロシア連邦、イギリス、フランス、中華人民共和国の5か国を何というか。

! A 5 常任理事国のすべての国に与えられている権限で、これを行使することで決議を否決できる権限を何というか。（香川・改）
頻

! D 6 国同士の争いを国際法に基づいて解決するための機関は何か。（福島・改）

頻 A 7 世界遺産などの文化財の保護や、識字教育などの活動をしている国際連合の専門機関は何か。（青森）

! A 8 発展途上国の子どもたちへの支援などに取り組んでおり、世界各地で、教育などの支援活動をしている国際連合の機関は何か。（千葉）

A 9 医療や衛生などに関する活動を行う国際連合の専門機関は何か。（宮城）

! S 10 地球上の「誰一人として取り残さない」をスローガンに、国際連合が定めた目標を何というか。（長崎）
頻

解答	解説

国際連合
世界の平和と安全の維持を目的とする組織

大西洋憲章をもとに国際連合が成立しました。国際連合の本部は**ニューヨーク**にあります。

総会 空 図
全加盟国で構成される組織

総会は、すべての加盟国から構成され、各国がそれぞれ1票の投票権を持つ、1国1票の原則が採用されています。

安全保障理事会 短
国際連合の機関で、世界の平和と安全を維持する責務がある

B 安全保障理事会は、常任理事国（5か国）と非常任理事国（10か国）で構成されています。

常任理事国 選
安全保障理事会を構成する5か国

S 常任理事国は、アメリカ・イギリス・フランス・ロシア連邦・中国の5か国です。安全保障理事会は、常任理事国に加え、任期2年の**非常任理事国**の計15国で構成されています。

拒否権 短
常任理事国が持つ権限で、重要問題は1か国でも反対すると決定できない

A 拒否権の濫用により、**多国間主義**（複数の国の合意に基づいて一つの課題を解決するという考え）が体現できない点が課題となっています。

国際司法裁判所 短
国同士の争いを国際法に基づいて解決する機関。本部はオランダのハーグ

B 国際司法裁判は、**争っている当事国の同意がなければ開くことができない**点が問題で、竹島の不法占拠についても、韓国が同意しなかったため却下されました。

国連教育科学文化機関
文化財保護や、教育の普及などを行う専門機関（UNESCO）

世界遺産条約はユネスコで採択されました。世界遺産の登録を決定する機関はイコモスです。

国連児童基金 選
世界各地で教育などの支援活動をする専門機関（UNICEF）

A ユニセフは、支援が最も届きにくい子どもたち最優先に、いろいろな活動を行っています。上記のユネスコと混同しやすいので注意しましょう。

世界保健機関
医療や衛生などに関する活動を行う専門機関（WHO）

世界保健機関は、医療、衛生などに関する活動を行うという点がポイントです。**世界貿易機関（WTO）**と混同しやすいので注意しましょう。

持続可能な開発目標
地球上の「誰一人として取り残さない」をスローガンに、国連が定めた目標（SDGs）

食品ロス削減のためにフードシェアリングサービス（自然災害によって規格外品が発生した場合に、購入を希望する消費者に販売する）を導入するなど、SDGsに取り組む企業が増えています。

公民

C 11 貿易の自由化などを図る経済連携協定の一つとして、2016年に日本がアジア太平洋地域の多くの国々と調印した協定は何か。（福島）

C 12 関税など、貿易をさまたげるしくみを取り除くため、貿易の自由化を促進する協定は何か。（北海道・改）

D 13 貿易の自由化に加え、投資や人の移動など、幅広い経済関係の強化を目指す協定は何か。（愛媛・改）

14 1960年代以降急速に工業化した韓国、台湾、香港、シンガポールなどの国や地域を何というか。

B 15 広大な国土を有し、人口が多く、天然資源が豊かなことから、急速に経済成長しているブラジル、ロシア、インド、中国、南アフリカ共和国の5か国を総称して何というか。（鳥取）

16 石油危機をきっかけに1975年に始まった、世界の経済や政治などについて話し合われる会議を何というか。

B 17 発展途上国間の経済格差問題を何というか。（栃木）

18 先進国と発展途上国の間の経済格差問題を何というか。

■ 国連機関（231ページ参照）

安全保障理事会 ── 総 会 ── 事務局

経済社会理事会 ── 信託統治理事会

国際司法裁判所

解答	解説

環太平洋経済連携協定 短
太平洋を囲む地域で貿易自由化を促進する協定(TPP、現在はTPP11)

D TPPには、安価に輸出できるようになり、需要量が増加することで生産量の増加が見込まれるという利点があります。また、2023年7月にイギリスがTPPに参加しました。

自由貿易協定
特定の国・地域間で関税などを撤廃する協定(FTA)

自由貿易とは、関税などを排除し自由に貿易を行うことです。**世界貿易機関(WTO)**は、自由貿易を促進することを主たる目的として設置されました。

経済連携協定
貿易などの自由化を進める協定(EPA)

経済連携協定の代表例が環太平洋経済連携協定(TPP)です。

新興工業経済地域
1960年代以降急速に工業化した国や地域(NIES)

A **新興国**とは、途上国の中から、急速に経済成長する国のことです。アジア・アフリカなどの新興国・途上国の総称を**グローバルサウス**といいます。

BRICS
急速に経済成長しているブラジル、ロシア、インド、中国、南アフリカ共和国の5か国の総称

B 2024年1月から、エジプト・イラン・エチオピア・UEAの4カ国が新たに参加しました。同年10月には、加盟国が拡大して初のBRICS首脳会議が行われました。加盟国は今後さらに増える予定です。

主要国首脳会議
主な国の首脳が集まり、世界が直面する問題を考える会議(サミット)

A G7は、アメリカ・イギリス・フランス・日本・イタリア・ドイツ・カナダです。

南南問題
発展途上国間の経済格差

関連してBRICSもおさえておきましょう。

南北問題
先進国と発展途上国間の経済格差

南南問題(途上国間の経済格差の問題)と混同しやすいので注意しましょう。

■ 覚えておきたい名称と略称

①地域主義 名称	略称	②国際連合専門機関 名称	略称	③その他 名称	略称
東南アジア諸国連合	ASEAN	国連児童基金	UNICEF	自由貿易協定	FTA
ヨーロッパ連合	EU	国連教育科学文化機関	UNESCO	経済連携協定	EPA
アフリカ連合	AU	世界貿易機関	WTO	新興工業経済地域	NIES
アメリカ・メキシコ・カナダ協定	USMCA	国連難民高等弁務官事務所	UNHCR	政府開発援助	ODA
アジア太平洋経済協力会議	APEC	国連貿易開発会議	UNCTAD		

公民

A　1　人間の活動などによって、植物が生えていた土地が、草も育たないやせた土地になることを何というか。（三重）

！A　2　通勤手段について企業が取り組むことで解決を目指している環境問題を何というか。（鹿児島・改）

！A　3　二酸化炭素やメタンなど、地球温暖化の原因とされる気体を何というか。（滋賀）

B　4　1992年にブラジルで、地球環境の保全と持続可能な開発の実現の方策を目的として開催された会議を何というか。（福井・改）

C　5　温室効果ガスの濃度を安定化させることを究極の目標として、多くの国が調印した条約を何というか。（神奈川・改）

！A　6　1997年に、温室効果ガスの排出削減の数値目標などが定められた文書を何というか。（山形・改）

！B　7　発展途上国を含む各国・地域が、温室効果ガスの排出削減に取り組むことを定めた協定で、2015年に採択されたものは何か。（佐賀）

A　8　二酸化炭素排出量の増加の原因として考えられている、石油や石炭、天然ガスなどの燃料を総称して何というか。（岡山）

！A　9　太陽光や風力、水力など自然のしくみを利用した、二酸化炭素を排出しないエネルギーを何というか。（長野）

！B　10　日本近海に大量に存在するとされる資源で、天然ガスの一種であるメタンガスが水と結合して氷状になった鉱産資源は何か。（和歌山）

解答	解説
砂漠化（さばくか） 森林伐採などで草も育たないやせた土地になること	サハラ砂漠のサヘル地域は、砂漠化が問題となっている地域の一つです。砂漠化の原因は、熱帯林の伐採や焼畑農業などです。
地球温暖化 短 二酸化炭素などが増加し、平均気温が上昇することで起こる環境問題	**B** 思考力問題では、地球温暖化の課題点、解決策などが問われるため、再生可能エネルギーの活用、SDGs、京都議定書・パリ協定の内容などとあわせておさえましょう。
温室効果ガス 二酸化炭素など地球温暖化の原因となるもの	**A** 温室効果ガスの代表例として、**二酸化炭素**が挙げられます。
国連環境開発会議 環境と開発に関する会議（地球サミット）	環境問題の解決のために、開催されます。気候変動枠組条約（きこうへんどうわくぐみじょうやく）は、大気中の温室効果ガスの安定化を目的として、1992年にリオデジャネイロで開催された地球サミットで採択されました。
気候変動枠組条約（へんどうわくぐみ） 温室効果ガスの濃度安定と地球温暖化の悪影響を防止する条約（COP）	2009年のCOP15で、日本は2025年までに、二酸化炭素の排出量の大幅削減が発表されました（ただし実現はまだ）。京都議定書、パリ協定ともに、気候変動枠組条約の中にあります。
京都議定書（ぎていしょ） 短 先進国に温室効果ガスの削減義務を課す取り決め	**B** 京都議定書には、**先進国には温室効果ガスの削減目標を課し**、発展途上国には削減目標を課さなかったという問題点があります。
パリ協定 短 発展途上国にも温室効果ガスの削減義務を課す	**B** 京都議定書では、先進国だけに温室効果ガス排出の削減目標が設定されましたが、パリ協定では、途上国も含めたすべての締結国が対象となっています。
化石燃料（かせき）（有限エネルギー） 二酸化炭素排出量の増加の原因である、石油や石炭などの燃料の総称	化石燃料は、採取可能な年数が限られていますが、経済の重要な原動力となる重要な資源の一つです。
再生可能エネルギー 短 太陽光・風力・地熱・バイオマスなど二酸化炭素を排出しないエネルギー	**B** 再生可能エネルギーは、**二酸化炭素排出量を減らす一方、開発が高額で電力供給の安定性に欠ける**のが課題です。ドイツは、原子力発電から再生可能エネルギーへ転換をはかっています。
メタンハイドレート 短 天然ガスの原料、メタンガスが海底で氷状（ひょうじょう）に固まっている物質	**B** メタンハイドレートの実用化には、**日本のエネルギー自給率が高まる**のではないかという期待が寄せられています。

公民

1 世界で約8億人の人が該当するといわれている、1日の生活に使える金額が1.9ドル未満の状態を何というか。

2 栄養不足が継続し、生存に必要な最低限の生活が難しい状態を何というか。

B 3 貧困問題を解決する取組みとして、途上国で作られた農産物や製品を適正な価格で購入することを何というか。（秋田・改）

D 4 貧困や経済格差の解消に向け、事業を始めたい人々の自立を促すための少額融資を何というか。（愛媛）

A 5 人種、宗教、国籍、政治的意見や特定の社会集団に属するなどの理由で迫害の恐れがあり、国外に逃れた人々を何というか。（栃木）

A 6 本来食べることができた食料が捨てられてしまう問題を何というか。

7 国際社会の平和と安全のために、各国が責任を果たし、協力することを何というか。

B 8 先進国が行う、発展途上国への技術協力や無償資金協力を何というか。（岐阜・改）

A 9 社会の変化にともなって生じる課題の解決に向け、駅などに礼拝のために静かに過ごせるスペースを設けるなどの身近な取り組みの目的を何というか。（秋田・改）

B 10 一人一人に注目して、その生命や尊厳を守るという考え方を何というか。（沖縄）

解答	解説

貧困 短
1日の生活に使える金額が1.9ドル未満の状態

B SDGsで2030年までに達成すべき目標に、貧困をなくすことが挙げられています。単に食糧援助を行うのではなく、人々の自立のための支援を行う必要があります。

飢餓
栄養不足が続き、生存に必要な最低限の生活が難しい状態

S SDGsで2030年までに達成すべき目標に、飢餓を0にすることが挙げられています。食料を安定的に確保し、栄養状態を改善することのほか、持続可能な農業を推進することも重要です。

フェアトレード 短
原料・製品を適正価格で購入し、途上国を支えること（公正取引・公正貿易）

B かつて植民地だった途上国には、モノカルチャー経済から抜け出せない国が多くあります。こうした国の生産者や労働者が生産した作物が安値で取引される現状を回復しようとする取り組みが、フェアトレードです。

マイクロクレジット 短
貧困解消のため、事業を始める人々の自立を促す少額融資

D マイクロクレジットは、貧困者の経済的な自立を促進するための重要なしくみです。

難民
自国では迫害を受ける恐れがあるため、他国に逃れた人々

難民を援助することを目的として設立されたのが、**国連難民高等弁務官事務所（UNHCR）**です。

食品ロス 短
本来食べられる食料が捨てられること

A 食品ロスを減らすための身近な取り組みに、**必要なものだけ買うこと、賞味期限が近い食品を選ぶこと**などがあります。

国際貢献 短
人材育成や技術援助の面で途上国の開発を支援すること

B NPO法人が行う国際貢献の取り組み（ODAや**青年海外協力隊**など）や、対象地域の発展（自立支援の目的など）に関する出題があります。

政府開発援助 短
発展途上国への技術協力や無償資金協力（ODA）

B 日本の政府開発援助の特徴の一つに、アジアへの援助の割合が大きくなっていることがあげられます。

異文化理解 短
多様性を尊重しながら、異なる文化を十分に理解すること

A 異文化理解を深め、外国人観光客や在日外国人などに対して、宗教などに配慮することが大切です。イスラム教徒のためにハラル認証マークを取得することなどが、その一例です。

人間の安全保障 選
一人一人に注目して、その生命や尊厳を守るという考え方

人間の安全、飢餓や貧困問題などの克服を目指す考え方です。

公民

1 民族・宗教問題が原因で、国内や周辺の国を巻き込んだ形で起こる戦争を何というか。

2 武器などを持った集団が、敵対勢力を攻撃したり、自爆することで一般の人々を無差別に死傷させたり、建造物を破壊したりする行為を何というか。

C 3 1968年に採択された、核保有国以外の国々が核兵器を持つことを禁じられた条約を何というか。（大分）

4 1987年にアメリカとソ連との間で結ばれた核軍縮の条約を何というか。

5 1996年に採択された、加盟国に対しすべての核実験を禁止する条約を何というか。

6 2017年に採択された、核兵器は非人道的で違法なものであると明示し、核兵器の開発や使用に加え、核兵器を使った威嚇行為も法的に禁止した国際条約を何というか。

7 核兵器を持っている国が、その核の力を背景に、自国だけでなく同盟国の安全も保障することを何というか。

8 貧困率が高い地域や紛争地域で、生活のためや強制的に兵士にさせられた18歳未満の兵士を何というか。

解答	解説

地域紛争
民族や宗教の違いから、国内や周辺国で起こる戦争

湾岸戦争、パレスチナ問題、ロシアのウクライナ侵攻についておさえましょう。

テロ
暴力や脅迫により、政治的な目標を達成しようとすること（テロリズム）

テロの例として、イスラム過激派を中心としたIS国によるテロリズム、2001年のアメリカ同時多発テロなどがあります。テロに備えて有事関連法が制定されました。

核拡散防止条約
核保有国の増加を防ぐ目的で制定された条約（NPT）

核保有国はアメリカ、ロシア、イギリス、フランス、中国（五大国）です。インド、パキスタン、北朝鮮などは、潜在核保有国となっています。

中距離核戦力全廃条約
米ソ間で締結された核軍縮についての条約（INF全廃条約）

この条約締結の2年後のマルタ会議で冷戦は終結しました。当時のアメリカ代表はブッシュ大統領、ソ連代表はゴルバチョフ書記長です。

包括的核実験禁止条約
いかなる場合にもすべての核爆発を禁止する条約（CTBT）

条約の発効条件は核保有5か国＋潜在核保有国3か国を含む44か国が署名・批准することです。

核兵器禁止条約
核兵器を非人道的兵器とし、開発、保有などあらゆる活動を禁止する条約

核保有国や日本などは、この条約に参加していません。プルトニウムの保有量が原子力発電の使用によって日本国内で増えている課題もあります。

核の傘
核の保有を相手に示すことで、同盟国の安全を約束すること

核保有国であるアメリカから、日本に核兵器の抑止力が提供されています。

子ども兵士
軍や武装グループの一員として戦争に参加する子ども

子ども兵士が最も多く存在するのはアフリカです。紛争や内戦により貧困が拡大すると、路上生活を送ったり難民になったりする子どもが武装グループに参加することも多いです。

公民

索引

【著者紹介】

吉野　功記（よしの・こうき）

◉──広島修道大学法学部卒業後、塾・予備校講師の道へ。現在は、経済的な理由で塾に行けない子、長期入院中の子、学校に通えない子などを対象に映像授業を提供する無料塾CAMELで中学社会講師として活動。さらに、オンライン家庭教師、医学部予備校、高校でも日本史・歴史総合などを教えている。

◉──過去10000問にものぼる全国の入試問題と教科書を徹底的に分析して導き出した独自のデータをもとに、公立高校の入試に必要な「周辺知識・関連知識・背景知識」についての情報発信を行う。

◉──本書がはじめての著作となる。

本書についての解説や入試解析などを発信中！
note ▶ https://note.com/kouki_yoshino/

高校入試　社会が一問一答でしっかりわかる本

2023年12月4日　　第1刷発行
2024年11月20日　　第3刷発行

著　者──吉野　功記
発行者──齊藤　龍男
発行所──株式会社かんき出版
　　　　　東京都千代田区麹町4-1-4　西脇ビル　〒102-0083
　　　　　電話　営業部：03(3262)8011㈹　編集部：03(3262)8012㈹
　　　　　FAX　03(3234)4421　　　　　　振替　00100-2-62304
　　　　　https://kanki-pub.co.jp/

印刷所──ベクトル印刷株式会社